Streifzüge durch Tolkiens Welt Mittelerde

Der Autor

Dr. Oliver Bidlo, Kommunikationswissenschaftler, Soziologe und Germanist, arbeitet als freier Forscher, Autor, Verleger und unterrichtet in den Bereichen Soziologie, Wissenschaftstheorie und Kommunikation an verschiedenen Hochschulen und Universitäten. Er ist Mitglied der Deutschen Gesellschaft für Soziologie, der Martin Buber-Gesellschaft sowie der Deutschen Tolkien Gesellschaft.

Oliver D. Bidlo

Streifzüge durch Tolkiens Welt Mittelerde

Aufsätze und Essays

ldib Verlag

Bibliografische Information der Deutschen Nationalbibliothek
Die Deutsche Nationalbibliothek verzeichnet diese Publikation in der Deutschen Nationalbibliografie; detaillierte bibliografische Daten sind im Internet über http://dnb.ddb.de abrufbar.

Oldib Verlag, Waldeck 14, 45133 Essen
www.oldib-verlag.de, info@oldib-verlag.de

Druck: BoD, Norderstedt

ISBN 978-3-939556-94-7

Inhaltsverzeichnis

1. Streifzüge durch Tolkiens Welt

Der vorliegende Band versammelt meine Beiträge, die in den letzten 20 Jahren publiziert wurden. Darüber hinaus finden sich auch Aufsätze, die als Vortrag gehalten und so noch gar nicht veröffentlicht wurden. Tatsächlich entstanden viele Arbeiten auf der Grundlage von (Fach-)Vorträgen z.B. im Rahmen des Tolkien-Seminars der Deutschen Tolkien Gesellschaft (DTG) oder im Rahmen von Tagungen im sprach- und kulturwissenschaftlichen Bereich. Hier haben die Fantasy im Allgemeinen und Tolkien im Besonderen in den letzten zwei Jahrzehnten doch mehr Aufmerksamkeit erzeugt als in den Jahren zuvor und werden auch deutlich häufiger wahrgenommen. Darüber hinaus entstanden einige Vorträge – ohne entsprechende Publikation – auch im Kontext anderer Veranstaltungsformate wie Ring-Conventions, Tolkien Tage, mittelalterliche Feste usw., auf denen es immer einen Teil von Vorträgen gab und gibt. Diese sind – trotz aller inhaltlichen Fundiertheit – etwas breiter und „populärer" aufgebaut, sollen sie doch einem breiteren Publikum interessante und neue Aspekte rund um verschiedene imaginäre Welten näherbringen. Aus diesem Bereich stammen einige Inhalte, die in dieser Form hier erstmalig publiziert werden. Ein Beispiel hierfür findet sich im Beitrag „Profiling im *Herrn der Ringe*". Entstanden ist dieser aus der Verknüpfung verschiedener (akademischer) Interessen. Seit gut 15 Jahren gebe ich unterschiedliche Seminare im Bereich Kriminologie und besonders zum „Profiling" (Bidlo 2011). Die operative Fallanalyse (OFA), wie sich das Profiling in Deutschland nennt, ist unter anderem eine spannende und kreative Form des Spurenlesens und Interpretierens. Und im *Herrn der Ringe* gibt es eine längere Passage, in der Aragorn, Legolas und Gimli den Spuren der Orks folgen müssen, um zwei ihrer Gefährten – die Hobbits Pippin und Merry – aus den Händen der Orks zu befreien. Als ich diese Stelle aus der Perspektive des Profilings und des kriminalistischen Spurenlesens betrachtete, entstand schlussendlich mit einem (nur kleinen) Augenzwinkern ein Beitrag, der als Vortrag z.B. auf der RingCon (heute Magic-Con) und dem Gelderner Tolkien Tag gehalten wurde. Begonnen hatte meine publizierte Tolkienbeschäftigung im Jahre 2002 mit meinem zunächst im Selbstverlag erschienenen Band „Mythos Mittelerde. Über Hobbits, Helden und Geschichte in Tolkiens Welt“ (2012 in einer erweiterten Neuauflage dann im Oldib Verlag). Der Band war (wie ich aus heutiger Sicht sagen würde) sehr erfolgreich und wurde breit gelesen. Das Originäre und (wie ich denke) Originelle war dort vor allem die Entdeckung, dass Tolkien in seiner Welt *Mittelerde* – besonders im *Hobbit* und dem *Herrn der Ringe* – mit dem Stilmittel der mittelalterlichen Zahlenmythologie bzw. -allegorese gearbeitet hat. Viele Zahlen sind dort nicht willkürlich gewählt, sondern mit einer spezifischen Bedeutung unterlegt und verweisen intertextuell und z.T. interdependent auf andere historische Geschichten oder Legenden. Beginnt man also zu graben und zu schürfen, stößt man auf in seine Texte eingelassene weitere Texte und Erzählungen und kann so immer tiefer und weiter verzweigend (intertextuell) neue Geschichten und Strukturen entdecken. Damit wird Tolkien in mehrfacher Hinsicht zu einem neuen Mythenschöpfer. Die Dichtheit und „Festigkeit“ (Fundierung) seiner Geschichten gründen nicht unerheblich in dieser Form des Verwebens und -flechtens ganz unterschiedlicher „realer“ Geschichten und phantastischer Vorstellungen zu etwas Neuem und *Eigenartigem*. Der ganze Band „Mythos Mittelerde“ kann hier natürlich nicht wiedergegeben werden, der angesprochene Aspekt der Zahlenmythologie wird allerdings in einem Aufsatz vorgestellt und behandelt. Einen neuen und hier erstmals veröffentlichten Aufsatz stellt auch der Text über die Grenzen von Mittelerde dar. Tatsächlich spielt der Grenzbegriff in Tolkiens Welt Mittelerde sowohl implizit als auch explizit eine wichtige Rolle. Denn über die Grenzen, auf die man stößt und die es zu überschreiten gilt, wird die Geschichte gleichermaßen vorangetrieben und strukturiert. Der Grenzbegriff ist zudem nicht zufällig auch ein wichtiger Begriff für die Geistesepoche der Romantik. Tolkien ist selbst ein Vertreter der Romantik, zumindest war er stark von dieser beeinflusst. Dies zeigt sich u.a. in dem Aufsatz „Tolkien und der Jugendstil“ sowie dem Beitrag, „Mittelerde als Ausdruck romantischer Kreativität und Sehnsucht“. Auch der Begriff der „Sehnsucht“ ist tief eingelassen in das Werk Tolkiens. In meiner zweiten Monografie zu Tolkien und seiner Welt „Sehnsucht nach Mittelerde?“ aus dem Jahre 2003 (aktualisiert und erweitert dann 2013) hatte ich diese Aspekte und Tolkiens Bezug zur Romantik bereits thematisiert. Der Bezug zur Romantik ist ein zwar nicht durchgängiger, aber doch oft zu findender roter Faden der hier versammelten Aufsätze.

Dieser Band ist nun im besten Sinne des Wortes ein Streifzug durch Tolkiens Welt *Mittelerde*, auch wenn dem aufmerksamen Leser natürlich sogleich ins Auge fällt, dass Tolkiens entworfene Welt sich nicht in Mittelerde erschöpft, sondern Mittelerde nur einen – wenn auch wichtigen – Teil der Welt *Arda* ausmacht. So gehört beispielsweise das Inselreich *Númenor* weder zu dem östlich gelegenen Kontinent *Mittelerde* noch zu den im Westen liegenden *Aman*, den unsterblichen Landen. Da nun *Mittelerde* der größte Kontinent Ardas ist, über den zudem am meisten Informationen vonseiten Tolkiens darüber vorliegen, wo *Der Herr der Ringe* sowie *Der Hobbit* ihren Handlungsschauplatz haben, sei mir diese Verkürzung verziehen. In guter Gesellschaft zeigt sich der Titel insofern, als die „Nachrichten aus Mittelerde“ von Tolkien sich ebenfalls des Stilmittels der *Metonymie* bedienen, indem „Mittelerde“ dort z.B. stellvertretend und als Bezugspunkt für Handlungsorte dient. So z.B. wenn dort zu Beginn des zweiten Teils „Das zweite Zeitalter“ eine Beschreibung der Insel Númenor erfolgt, die, wie oben gerade beschrieben wurde, nicht zu Mittelerde gehört. Tatsächlich aber stellt Mittelerde einen – wenn nicht sogar *den* – wichtigen und zentralen Handlungsort und Bezugspunkt für viele Erzählungen, Geschichten und Figuren dar, denen man begegnen kann, wenn man sich auf eine Wanderung durch Tolkiens Welt begibt. Die meisten Aufsätze und Essays beziehen sich dann in erster Linie auch auf Erzählungen, die in Mittelerde stattfinden, aber mitunter auch über sie hinausreichen. Allein der Grenzübertritt zwischen der schöpferisch erzeugten, fiktiven Welt Tolkiens und seiner eigenen Biographie sowie historischen Ereignissen – wie in einigen Aufsätzen angezeigt wird – deutet an, dass es nicht allein nur um die Binnenerzählung geht, sondern diese hinausreicht in bekannte und mitunter unbekannte Gefilde.

Die Beiträge streifen durch verschiedene Bereiche und Aspekte der schöpferischen Arbeit Tolkiens, sie verweilen bei einigen Punkten, drehen und wenden diese und beschauen sie sorgfältig. Dabei geht es nicht darum, der Welt ihren Zauber und ihre Magie zu nehmen, sondern ganz im Gegenteil durch die Entdeckung weiterer Ebenen, Aspekte und Themen, auf die Tolkien mal explizit mal implizit hinweist, noch tiefer in seine Welt einzutauchen und darüber das Interesse und die Freude daran erneut anzufeuern.

Was man gleichwohl bemerken wird, ist der Umstand, das man als Autor immer auch aus seinen vorherigen Aufsätzen kleinere Entlehnungen vornimmt. So wird man einzelne Aspekte in gewandelter Form in unterschiedlichen Aufsätzen immer einmal wieder entdecken können. Diese Redundanzen sind in der hier dargebotenen Form einer Aufsatzsammlung nicht zu vermeiden, stellen aber in meinen Augen auch keine Störung beim Lesen dar. Denn zum einen sind die Entlehnungen nicht so häufig, zum anderen sind die inhärenten Kontexte dann doch immer etwas anders. Gewissermaßen werden hiermit – zumindest ausschnittweise – auch auf einer Art wissenschaftlicher „Metaebene“ die Vielschichtigkeit und Verflechtungen im literarischen Werk Tolkiens sichtbar. Dennoch wurden dort, wo die Doppelungen zu umfangreich waren, die Aufsätze entsprechend gekürzt und angepasst. Daher sind die Texte auch keine Eins-zu-Eins-Kopie der Originalpublikationen.

Noch ein kurzer Hinweis zur Nachweissetzung: Diese wurde nicht angeglichen, sondern bei bereits veröffentlichten Aufsätzen weitge-

hend so belassen, wie sie ursprünglich war. Aufsatzbezogen ist sie dahingehend einheitlich.
An dieser Stelle danke ich allen Freunden und Weggefährten – darunter die Deutsche Tolkien Gesellschaft,[1] deren Jahrbuch zwischenzeitlich auch im Oldib Verlag erscheint –, die ich über meine Leidenschaft zu Tolkien, seiner Welt Mittelerde und der Phantastik allgemein kennenlernen durfte und mit denen ich mittlerweile seit über 20 Jahren verbunden bin.

[1] Interessierte sollten unbedingt einen Blick auf www.tolkiengesellschaft.de wagen.

2. Wanderer durch die Zeitalter

Neben vielem anderen spielten die Zeit und die Konzeption von Zeit bei Tolkien eine fundamentale Rolle. Er hat sich viel Mühe gegeben Kalender und Genealogien zu entwerfen, eine Zeitrechnung zu entwickeln und alles aufeinander abzustimmen. So zeigen z.B. die Anhänge zum *Herrn der Ringe* mit ihrem Untertitel „Anhänge. Annalen der Könige und Herrscher, Zeittafel der Westlande, Familien- Stammbäume, Auenland- Kalender, Schriftzeichen und Buchstaben" wie wichtig Tolkien auch die richtige zeitliche Abfolge und das entsprechend stimmige Ineinandergreifen von Handlungen, Ereignissen und Abläufen war. Wie schwierig das ist, zeigt sich an den immer wieder einmal vorgenommenen Anpassungen und Änderungen von Daten und Jahreszahlen, die sich zwangsläufig ergaben, wenn Textpassagen überarbeitet und geändert und damit auch zeitliche Bezüge verändert wurden; und das über die Zeitalter vom Beginn der Zeit bis zum Ende des Berichts aller Erzählungen in Tolkiens Welt. In dem 2021 erschienenen Band „Natur und Wesen von Mittelerde" von J.R.R. Tolkien (bzw. aus seinem Nachlass zusammengestellt) beschäftigt sich der erste Teil mit „Zeit und Altern". Dort werden einige Besonderheiten der Chronologie, das Altern der Elben oder auch ihre Lebenszyklen vorgestellt. Verlyn Flieger hat in ihrem Band „A Question of Time. J.R.R. Tolkien's Road to *Faërie*" (1997) ein fundierte Studie zu einigen Aspekten der Zeit bei Tolkien ausgewiesen.

> "Language and dream connect to memory, and all three connect to time past. Time, as Tolkien envisioned it, was not a simple forward progression but a complex field of experience encompassing past, present, and future, a field of experience to which dream, memory, and language all gave access. These two triads – past, present, and future and dream, memory, and language – are

> strands that wind around one another to form a continuous theme throughout Tolkien's work. But while the theme is continuous, its expression is not always clear. Through his treatment of time he was attempting to embody and convey a complex psychological, philosophical vision, one that would encompass a whole mythic cosmology" (Flieger 1997: 5).

Bereits in seinem Schöpfungsmythos der Welt setzt sich Tolkien mit „Zeit" auseinander. Sie wird im Rahmen des Schöpfungsaktes implementiert und ähnelt von da an der linearen Zeit bzw. dem linearen Zeitverständnis, das heute in unserem Alltag gängig ist (vgl. Bidlo 2009). Thomas Honegger zeigt in seinem Aufsatz „Time and Tide – Medieval Patterns of Interpreting the Passing of Time in Tolkien's Work" (2011), dass die Darstellung der Zeit von Tolkien auch durch mittelalterliche Sichtweisen konturiert ist. So z.B. die Vorstellung von Kontinuität oder auch der Sinn dafür, Teil eines größeren Ganzen zu sein (vgl. Honegger 2011: 98).
Die Zeit beginnt mit der Schöpfung. Nach der Erschaffung der Ainur, die Ilúvatar aus seinen Gedanken formte, schuf er die (ontische) Welt Ea, mit der dann auch die Zeit begann.

> „Daher erweckte Ilúvatar das Gesicht zum Sein und stellte es mitten in die Leere, und das Geheime Feuer wurde ausgesandt, um im Herzen der Welt zu brennen; und die Welt wurde Ea geheißen. Nun erhoben sich diejenigen unter den Ainur, die wollten, und betraten die Welt zu Anfang der Zeit; [...] Lange arbeiteten sie in den Spähren von Ea, die weiter sind, als Elben und Menschen denken können, bis zur vorbestimmten Zeit Arda geschaffen war, das Königreich der Erde" (Tolkien 1994: 31).

Ea ist dergestalt das stoffliche Universum, in dem später Arda als *die* Welt geschaffen wurde. Diesen Unterschied zu betonen scheint mir wichtig, da z.B. Klinger in ihrem interessanten Aufsatz „Hidden Paths of Time" (2006) diesbzgl. einen unscharfen Bezug herstellt. Sie wendet sich dem interessanten Thema der Zeitdilatationen (Zeitdehnungen) im *Herrn der Ringe* zu. Gerade in den Szenen rund um Kankra (Shelob) identifiziert sie solche Zeitdehnungen, die bei den Hobbits (vor allem bei Sam) zu Verwirrung führen. Sie grundiert diesen Aspekt zuvor mit dem Hinweis, dass Ungoliant, von der Kankra (Shelob) direkt abstammt,[1] vom Dunkel jenseits der Zeit käme:

> "And Shelob is no ordinary spider: In the published text, she is identified as a descendant of Ungoliant, yet in Tolkien's earlier drafts Shelob was Ungoliant (cf. HoME 8, Tolkien 1997a:196ff.), a creature which, according to The Silmarillion, entered the world ‚from the darkness that lies about Arda', the Timeless Void beyond the space and time of Creation. Ungoliant hungered only to ‚feed her emptiness', ‚sucked up all light that she could find, and spun it forth in dark nets of strangling gloom'" (Klinger 2006: 158).

Aber jenseits von Arda bedeutet nicht zwingend jenseits der Zeit, denn die Zeit wurde mit Ea und nicht mir Arda erschaffen. Arda ist in Ea, dem stofflichen Universum, mit dem die Zeit begann, so das ein Jenseits von Arda immer noch in Ea und damit *in* der Zeit ist und nicht jenseits von ihr. „Außerhalb von Ea sind die Zeitlosen Hallen und die Leere" (Foster 2002: 185). Ob Ungoliant allerdings aus der Leere stammt, die Ea umgibt, bleibt fraglich (und wird nirgends erwähnt). Sie stammt, wie oben angezeigt und im Silmarillion vermerkt, aus der Dunkelheit, die Arda umgibt und Arda wird von Ea umgeben. Belassen wir es an dieser Stelle bei diesem Gedanken und wenden uns nicht der Abwesenheit, sondern der Anwesenheit der Zeit zu.

Die Zeit bildet nun einen Rahmen, der, so scheint es zumindest, nur von Menschen, nicht aber z.B. von den Elben durchbrochen

---

[1] Im *Herrn der Ringe* heißt es „das letzte Kind von Ungoliant" (Tolkien 1981b: 384).

werden kann. Die Elben dauern in ihr wie auch die Menschen, aber nur die Menschen können sie *verlassen*. „Die Söhne der Menschen aber sterben wahrhaftig und verlassen die Welt; weshalb sie auch die Gäste oder die Fremden genannt werden. Tod ist ihr Schicksal, die Gabe Ilúvatars, die mit der Ermüdung der Zeit selbst die Mächte ihnen neiden werden" (Tolkien 1994: 51). In dem oben genannten Band „Natur und Wesen von Mittelerde" von Tolkien findet sich auch ein Kapitel, das sich mit „Zeit und deren Wahrnehmung" (Kapitel 20, 257) auseinandersetzt. Tolkien selbst sieht hier, dass sich aus den Zahlen und Fakten zum Thema Zeit keine Erklärung zu ihrer Wahrnehmung ableiten lässt.

> „Diese Zahlen und Berechnungen beziehen sich nur auf Wachstum und Altern und *nicht* auf die Wahrnehmung oder *Bewertung* von Zeit als subjektiv lang oder kurz" (Tolkien 2021: 260).

Tolkien sieht in der Jugend, ihrer Lebendigkeit und Unerfahrenheit sowie dem Eifer im Sinne emotionaler Involviertheit auf der einen Seite und dem Alter und der Trägheit auf der anderen Seite jeweilige Begebenheiten für die empfundene Länge der Zeit.[2] In der Jugend stehen Hoffnung und Erwartung noch stärker vornan, während einem älteren Wesen solche Hoffnungen und Erwartungen mitunter als Trugschluss erscheinen, da man vielleicht schon (zu) oft Enttäuschungen erfuhr. Dieser von Tolkien dort nur etwas gestreifte Aspekt bringt uns zu einer befragenden Besonderheit. Denn eine Besonderheit der Erzählungen von Ea, Arda und Mittelerde ist, dass es Wanderer durch ihre Zeitalter (wenn auch nur in eine Richtung) gibt, für die Geschichte nicht Geschichte ist, sondern gelebte

[2] Tolkien streift hier unbewusst oder bewusst das bekannte „Zeitparadox", dass eine erlebnisreiche Zeit während des Vollzugs kurz, in der Rückschau dann aber lang bewertet wird, und überdies in der Jugend das Gefühl der langsamer vergehenden Zeit im Gegensatz zum Alter vorherrscht. Während in der Jugend neue Erfahrungen und noch wenig Routine vorherrschen und sich dadurch in der Rückschau die Zeit ausdehnt, verfliegt im Alter die Zeit scheinbar (vgl. hierzu allg. Bidlo 2009), da Erlebnisse bereits als „bekannt" eingeordnet werden.

Leben, gelebte Erfahrungen. Im *Herrn der Ringe* zeigt sich dies u.a. in der Gegenüberstellung von Gandalf, Galadriel, Elrond, Saruman, Sauron oder Kankra auf der einen Seite und Hobbits oder Menschen auf der anderen Seite, die mit ihrer zwar unterschiedlichen langen, aber begrenzten Lebenszeit nur einen begrenzten Zeitraum bewohnen. Für die Binnenstruktur des *Herrn der Ringe* und die Geschichten über Mittelerde ist das ein nicht zu unterschätzender Umstand. Wenn im ersten Teil der *Herr-der-Ringe*-Verfilmung Galadriel spricht „Geschichte wurde Legende. Legende wurde Mythos", dann wirkt diese Aussage „unpassend", wenn sie von Galadriel stammt, die im ersten Zeitalter geboren wurde und daher das Schmieden der Ringe der Macht im Zweiten Zeitalter selbst miterlebt hat. Für sie stellt der Ring bzw. stellen die Ringe – sie trägt selbst einen der drei Elbenringe – gerade keine Legende oder mehr noch ein Mythos dar. Vielmehr ist es für sie und aus ihrer Perspektive gelebte Erfahrung und vielleicht nicht einmal Geschichte, wenn man unter Geschichte etwas versteht, das vor der eigenen Existenz stattgefunden hat. Wenn dergestalt gerade Galadriel als eine – wie ich es an dieser Stelle nennen möchte – Wanderin durch die Zeitalter – einen solchen (Film!) Satz tätigt, dann passt das nicht stimmig, denn für sie sind es keine Legenden, keine Mythen, sondern – wie erwähnt – er- und gelebte Erfahrungen. Oder um es – erneut mit einem Filmzitat aus dem ersten Teil des *Herrn der Ringe* (2001, Regie: Peter Jackson) – zu verdeutlichen, in welchem Elrond in Bruchtal mit Gandalf ein Gespräch darüber führt, was mit dem Ring geschehen soll: „Menschen! Menschen sind schwach. Das Volk der Menschen versagt. Das Blut von Numenór ist nichts weiter als kraftlos, all sein Stolz und seine Würde vergessen. Sie sind dafür verantwortlich, dass der Ring die Zeit überdauert. Ich war dort, Gandalf. Ich war dort, vor 3000 Jahren."

Falls man den von Galadriel gesprochenen Satz nun nicht als eine Ich-Botschaft versteht, sondern als eine Beschreibung einer Wanderin durch die Zeit, die aufgrund ihrer unglaublichen Lebensspanne diese Ereignisse selbst erlebt hat und den Prozess der Mythenbildung bei den Wesen mit geringerer Lebensspanne beobachten konnte, dann passt die Aussage zweifellos. Beide Perspektiven bringen uns dem hier verhandelten Aspekt nahe. So wird aus dem genannten Satz von Galadriel – der zwar im Buch so nicht fällt, aber durch die geschichtliche Darstellung im *Herrn der Ringe* und die darüber implizit wie explizit vorgenommenen Verweise auf die frühere Zeit bzw. die vorherigen Zeitalter (vgl. dazu z.B. Bidlo 2012) – eine historische und sogar legendenhafte Dimension deutlich, die die Ereignisse nicht oder weniger für die Elben, aber für Völker hat, die einen deutlich geringen Zeithorizont haben. Die Frage, die sich hier anschließt, ist: Was macht dies mit den Protagonisten, ihrer Sicht auf die Dinge, ihren Entscheidungen und schließlich mit der erzählten Geschichte, wenn sich dort Akteure finden, die einen so weit auseinanderliegenden Zeithorizont besitzen, während andere nur einen Bruchteil davon innehaben? Wenn man sich kurz vergegenwärtigt, wie stark alles (bewusste) Leben – unabhängig ob in einer Fantasy-Welt oder im realen Leben – von der Einteilung und Vorstellung der Zeit gegliedert und bestimmt ist, kann man die These vertreten, dass der Blick auf das, was eigentlich passiert, wie man dies einordnet, bewertet, daran anschließend handelt oder entscheidet, durch den je eigenen Zeit- und Lebenshorizont mitbestimmt wird.

Im Verlauf der menschlichen Kultur ist das Transzendieren, das Überschreiten der eigenen Lebenszeit ein wiederkehrender und vielfältiger Topos, dem als Hintergrundfolie gerade die Sterblichkeit des Menschen hinterlegt ist. Über unsere Kinder wollen wir etwas hinterlassen, der Ausspruch „wer schreibt, der bleibt“ verweist ebenfalls darauf. In vielen Kulturen – immer wieder gerne aufgenommen von der Popkultur – hat das Besingen von Heldentaten, das Erzählen von Geschichten und die Weitergabe von Erzählungen und darüber die Erinnerung an die handelnden Personen unter anderem diese Funktion. Exemplarisch zeigt sich dies im Rahmen der heutigen „Antikenrezeption"[3] und dem Film *Troja* (2004: Regie: Wolfgang Petersen). Nachdem Achilles mit einem Schwertstreich Boagrius niedergestreckt und damit den (noch nicht begonnenen) Kampf der Armeen beendet hat, sagt König Triopas:

> "Who are you, soldier?
> Achilles, son of Peleus.
> Achilles. I'll remember that name."

In einer anderen Film-Szene sprich Achilles' Mutter Thetis mit ihm über sein Schicksal.

> "When you stay in Larissa you will find peace you'll find a wonderful woman you'll have sons and daughters and they will have children and they will love you when you're gone. They will remember you. But when your children are dead und their children after them your name will be lost. If you go to Troy, glory will be asked, they will write stories about your victories for thousand of years. The world will remember your name."

Auch der kurzzeitige Ringträger Samweis Gamdschie denkt im *Herrn der Ringe* an einer Stelle darüber nach, ob ein Lied über ihn und seine Tat(en) in ferner Zukunft gesungen werden und zeigt darüber das Aufeinanderprallen der unterschiedlichen Zeithorizonte von Gandalf, Elrond oder den anderen alten Wesen in Bezug zur Zeitdimension des Hobbits:

> „‚Wie viele sind dort?' dachte er. ‚Dreißig oder vierzig mindestens vom Turm, und erheblich mehr als das von unten, schätze ich. Wie viele kann ich töten, ehe sie mich kriegen? Sie werden

[3] Die griechische Antike bietet sich dafür an, aber das Motiv des Transzendierens der eigenen Lebenszeit ist natürlich vielfältig in vielen Kulturen zu finden. Zur Antikenrezeption der Antike in der Fantasy, Science-Fiktion und dem Horror vgl. die drei wegweisenden von Michael Kleu herausgegebenen Bände (2019, 2020, 2022).

die Flamme des Schwertes sehen, sobald ich es ziehe, und früher oder später werden sie mich kriegen. Ich möchte mal wissen, ob ein Lied es je erwähnen wird: Wie Samweis auf dem Hohen Paß fiel und einen Wall von Leichen um seinen Herrn auftürmte. Nein, kein Lied. Natürlich nicht, denn der Ring wird gefunden werden, und es wird keine Lieder mehr geben. Ich kann's nicht ändern. Mein Platz ist bei Herrn Frodo. Sie müssen das verstehen — Elrond und der Rat und die großen Herren und Frauen mit all ihrer Weisheit. Ihre Pläne sind gescheitert. Ich kann nicht ihr Ringträgersein. Nicht ohne Herrn Frodo.'" (Tolkien 1981b: 398)

Samweis zeigt sich hier *weise* auf eine besondere Weise, nämlich indem er nicht vor dem Hintergrund jahrhunderte- ja sogar jahrtausendealter Überlieferungen, die für Gandalf, Elrond und die Hohen Herren und Frauen echte *Erlebnisse* sind bzw. waren und die sie entweder unmittelbar selbst erlebten oder als Zeitzeugen daran Anteil hatten, sondern situativ und auf der Basis seiner tiefen Freundschaft zu Frodo nicht der (möglichen) Erfüllung der Aufgabe, der Zerstörung des Ringes in den Feuern des Schicksalsberges, zuspricht. Er entscheidet sich auf Basis seines Lebens- und Zeithorizonts; und darin ist die Freundschaft zu Frodo eine tragende Säule. Die Pläne der Weisen, die auf der Basis von Erlebnissen, Erfahrungen und Handlungsverkettungen, die tausende von Jahren zurückreichen, in die Zukunft gerichtete Prognosen über die Unterwerfung Mittelerdes entwerfen, sind für ihn kein Maß für seine Entscheidung.
Die vielen Lieder und Gedichte, die z.B. im *Herrn der Ringe* unterwegs gegeben und gehört werden, haben in der Geschichte somit immer auch den Charakter der Überzeitlichkeit. Es soll auf längst Vergangenes verwiesen werden - und diesbzgl. ist der Stimme zu Beginn des ersten Film-Teils zuzustimmen -, auf Erzählungen, die wiederum Deutungen von Geschehenem darstellen. Denn nicht selten wird über Lieder Geschichte erzählt, die sich tradiert und zur

Legende und schließlich vielleicht auch zu einem Mythos wird. Die Form des Aufeinanderprallens von Geschichte oder sogar Sagen und Märchen mit der gelebten Wirklichkeit wird an einer Szene in der Ebene von Rohan besonders deutlich:

> „‚Hobbits?‘ fragte Eomer. ‚Was mag denn das sein? Es ist ein seltsamer Name.‘
> ‚Ein seltsamer Name für ein seltsames Volk‘, sagte Gimli. ‚Aber diese Hobbits waren uns sehr teuer. Es scheint, daß Ihr in Rohan von den Worten gehört habt, die Minas Tirith beunruhigten. Diese Hobbits sind Halblinge.‘ ‚Halblinge!‘ lachte der Reiter, der neben Eomer stand.
> ‚Halblinge! Aber das ist doch nur ein kleines Volk in alten Liedern und Kindermärchen aus dem Norden. Leben wir in Sagen oder auf der grünen Erde im Tageslicht?‘“ (Tolkien 181b: 38)

Es zeigt sich dergestalt auch die umgekehrte Bewegung, indem alte Sagen wieder zur gelebten Wirklichkeit werden und darüber das Erstaunen besonders groß ist.

In einer späteren, daran anschließenden Szene, schlagen Aragorn, Legolas und Gimli ihr Lager auf und es entspinnt sich ein Gespräch zwischen ihnen über den Wald Fangorn.

> „‚Celeborn hat uns davor gewarnt, zu weit nach Fangorn hineinzugehen‘, sagte er. ‚Weißt du, Aragorn, warum? Was für Sagen über den Wald hat Boromir gehört?‘
> ‚In Gondor und anderswo habe ich viele Geschichten gehört‘, sagte Aragorn, ‚aber hätte Celeborn nicht diese Worte gesprochen, hätte ich sie nur für Märchen gehalten, die sich die Menschen ausgedacht haben, seit das wahre Wissen schwindet. Ich hatte dich schon fragen wollen, was an der Sache eigentlich wahr ist. Und wenn ein Elb des Waldes es nicht weiß, wie soll ein Mensch darauf antworten?‘

> ‚Du bist weiter gewandert als ich', sagte Legolas. ‚Ich habe in meinem Land nichts davon gehört, außer einigen Liedern, in denen es heißt, daß die Onodrim, die die Menschen Ents nennen, hier vor langer Zeit lebten; denn Fangorn ist alt, alt sogar nach den Maßstäben der Elben.'
> ‚Ja, er ist alt', sagte Aragorn, ‚so alt wie der Wald an den Hügelgräberhöhen, und er ist viel größer. Elrond sagt, die beiden seien verwandt, die letzten Bollwerke der mächtigen Wälder der Altvorderenzeit, als die Erstgeborenen wanderten, während die Menschen noch schliefen. Doch hat Fangorn irgendein besonderes Geheimnis. Was es ist, weiß ich nicht.'" (Tolkien 1981b: 47)

Hier treffen die verschiedenen Zeitempfinden und unterschiedlichen Zeithorizonte der Akteure aufeinander und beide werden mit dem Aspekt des Wissens verbunden. „Wahres Wissen" scheint auch deshalb zu schwinden, weil immer weniger Akteure da sind, die zum einen als Zeitzeugen dienen können. Zum anderen zeigt sich, dass durch das zunehmende Verschließen und Verharren der Völker untereinander ein Wissensaustausch und damit die Nachjustierung der gehörten Geschichten immer weniger stattfindet. Die Elben – zumindest einige von ihnen – werden so zu Kronzeugen (hier Celeborn) der wahren Ereignisse und des Wissens – hier im Gegensatz zu den Sagen –, weil es mit ihnen und durch sie überdauert. Aragorn verweist darauf, dass Legolas als langlebiger bzw. unsterblicher Elb – und dazu als ein Waldelb – mehr Wissen über Fangorn haben müsse als er. Legolas retourniert diesen Aspekt, indem er anzeigt, dass letztlich auch die Raumdimension – nämlich die Wanderungen durch Mittelerde – bedeutsam für das Wissen über die Welt und Zeit seien.

Man findet viele weitere Beispiele, in denen Zeithorizonte und mithin immer auch Wissensdimensionen aufeinanderprallen, die so gestaltet sind, dass Erfahrung, Erlebnis, Wissen auf der einen Seite und Sagenhaftes, Märchen und Legende auf der anderen Seite stehen. Ein abschließendes Beispiel hebt dies nochmals hervor. Im *Herrn der Ringe* schildert Elrond im Rat in Bruchtal, wie im Zweiten Zeitalter die Ringe der Macht geschmiedet wurden:

> „Alle hörten dann zu, als Elrond mit seiner klaren Stimme von Sauron sprach und von den Ringen der Macht und wie sie im langvergangenen Zweiten Zeitalter der Welt geschmiedet worden waren. Ein Teil der Begebenheiten war einigen hier bekannt, die ganze Geschichte aber niemandem, und viele Augen blickten voll Furcht und Staunen auf Elrond, als er von den Elbenschmieden von Eregion erzählte und von ihrer Freundschaft mit Moria und ihrer Wißbegierde, wodurch Sauron sie umgarnte. Denn zu jener Zeit war er noch nicht als böse anzusehen, und sie nahmen seine Hilfe an und erlangten gewaltige Fertigkeiten, während er alle ihre Geheimnisse kennenlernte und sie täuschte und heimlich im Feurigen Berg den Einen Ring schmiedete, um sie zu beherrschen.
>
> [...] Von Númenor sprach er, von seinem Ruhm und Sturz und der Rückkehr der Könige der Menschen nach Mittelerde aus den Tiefen des Meeres, getragen von den Flügeln des Sturms. [...] Dann hielt Elrond eine Weile inne und seufzte. ‚Ich entsinne mich sehr wohl der Pracht ihrer Banner', sagte er. ‚Es erinnerte mich an den Glanz der Altvorderenzeit und an die Heere Beleriands, denn so viele große Fürsten und Hauptleute waren versammelt. Und doch waren es nicht so viele oder so edle wie damals, als Thangorodrim bezwungen wurde und die Elben glaubten, das Böse habe für immer ein Ende, und dem nicht so war.'
>
> ‚Daran erinnert Ihr Euch?' fragte Frodo und sprach in seiner Verblüffung laut aus, was er dachte. ‚Ich hatte geglaubt', stammelte er, als Elrond sich zu ihm umwandte, ‚ich hatte geglaubt, daß Gil-galads Sturz schon vor langer Zeit war.'
>
> ‚Das ist auch richtig', antwortete Elrond ernst. ‚Aber meine Erinnerung reicht zurück bis zur Altvorderenzeit. [...] Ich habe

drei Zeitalter im Westen erlebt, und viele Niederlagen und viele fruchtlose Siege.'" (Tolkien 1981a: 295-296).

Frodo ist deutlich verwundert, hört er doch eine Geschichte, die tausende Jahre zuvor stattfand. Er hört diese nicht von einem Historiker, Geschichtskundigen oder Archivar, sondern von einer Person, die leiblich und unmittelbar an den Geschehnissen teilgenommen und diese erlebt hat. Elrond, als Stellvertreter dieser Wanderer durch die Zeitalter, sowie Frodo und im weiteren Verlauf dieser Szene auch Boromir stehen also an ganz unterschiedlichen (Lebens-)Verlaufs- und Zeitpunkten, um dann einen Blick auf die gegenwärtige Situation werfen und eine Entscheidung fällen zu können. Vordergründig liegt hier allein ein Wissensvorsprung vor[4]. Aber bei genauer Sicht liegt in dieser unterschiedlichen Zeitlichkeit der handelnden Personen auch zum Teil ihr ganz unterschiedliches Weltbild und darin die Einschätzung der *unmittelbaren* Situation begründet. So sieht Elrond die Gegenwart als Ergebnis „fruchtloser Siege". Sie sind fruchtlos, weil sie das Böse nicht final beseitigen konnten. Für die vielen Generationen von Wesen allerdings, die in dem Zeitraum von Saurons Zurückdrängen und dem Verlust des Ringes bis zu seinem erneuten Auftauchen und darüber auch dem Wiedererstarken Saurons, friedlich und zufrieden leben konnten (darunter z.B. auch das Auenland), waren es derweil keine fruchtlosen Siege. Die zu überschauende Zeit macht den Unterschied, ob darin sich eher Gutes oder Schlechtes vollzog.
Auch in der gerade erst erschienen Amazon-Prime-Serie „Die Ringe der Macht" wird dieses Thema übrigens ausgewiesen,[5] weil die Filme-/Serienmacher sich der enormen unterschiedlichen Zeitdimension der Handelnden bewusst sind. So wird in Episode 2 der ersten Staffel ein Konflikt zwischen Durin und Elrond gerade aus ihrem unterschiedlichen Zeithorizont konstruiert. Elrond ist über Durins Unfreundlichkeit überrascht, da er ihn als Freund in Erinnerung

[4] Vgl. hierzu den Aufsatz zum Thema „Wissen" in diesem Band.
[5] Zu diesem Zeitpunkt sind die ersten zwei Episoden gelaufen.

hatte. Im Gespräch zwischen beiden während einer „Aufzugfahrt“ offenbart Durin dann den Streitpunkt: Elrond habe sich die letzten 20 Jahre über nicht gemeldet, er war weder bei der Hochzeit Durins noch habe er zu der Geburt der beiden Kinder gratuliert. Durin betont dann, dass für einen Elben 20 Jahre nur ein Wimpernschlag seien, für einen Zwergen aber ein „ganzes“ Leben, das er (Elrond) verpasst habe (Staffel 1, Episode 2, 0:34:17-0:35:20). Unabhängig von den logisch-semantischen Schwierigkeiten dieser Aussage[6] und ihrer Erfindung mit Blick auf ihr Nicht-Vorhandensein in den Texten Tolkiens, spiegelt sich darin das Bewusstsein der Produzenten wider, dass die enormen Zeitdimensionen und Lebensspannen zu thematisieren sind. Dies zeigt sich beispielsweise an einer weiteren Szene derselben Episode, in der Galadriel dem Schiffbrüchigen Halbrand hinsichtlich ihrer Trauer um die eigenen Verluste entgegnet, dass das Aufzählen aller ihrer Opfer und Verluste länger als die Lebenszeit des Menschen Halbrand in Anspruch nehmen würde (ebd. 0:43:28-0:43:40).

Conclusio

Die Vergangenheit – Erfahrungen, Erlebnisse, erworbenes Wissen – dient immer auch dazu, einen Ausblick auf die Zukunft zu werfen, die Zukunft und damit das Unbekannte in einem gewissen Maße voraussagen zu wollen. Aus dem unglaublich langen Zeithorizont, den z.B. Galadriel, Elrond oder Gandalf besitzen, erwächst Wissen über die Welt, das auch dazu dient die Zukunft zu extrapolieren. Der riesige Umfang von Wissen und Erlebnissen führt bei diesen zu einem klaren Fahrplan für das, was als nächstes zu tun ist. Dieser Telos der Geschichte spiegelt sich auch in der Fähigkeit wider, Weissagungen zu tätigen oder zumindest zu einem gewissen Teil in die Zukunft zu sehen. Die Menschen und mehr noch die Hobbits stellen einen Unbestimmtheitsfaktor dar, der sich u.a. auch aus ih-

[6] Einer Hochzeit kommt eine zumeist einmalige Bedeutung zu, und dies auch bei den Elben, so dass die Nichtteilnahme einfach ein Akt der Unhöflichkeit ist und der Zeitrahmen hier keine Rolle spielt.

rer sehr begrenzten Lebensspanne ergibt. Ihr Handeln und ihr Blick auf die Welt und die unmittelbaren Situationen, in denen sie sich befinden, werden nicht vor dem fast endlosen zeitlichen Horizont der Welt gefällt, sondern vor dem Hintergrund der eigenen Lebensspanne und einer gewissen Dimension der Erinnerbarkeit, des erinnert werden Wollens durch die Nachwelt. Was wie ein Nachteil scheint, weil es eine gewisse *Kurzsichtigkeit* hervorruft, wird, wie man beispielhaft an Sam und der oben beschriebenen Szene sieht, zu einem Vorteil. Er ist befreit von dem Ballast unzähliger Jahre und darauf aufbauender Pläne, die eine Kausalität der Ereignisse und damit einen gewissen Telos unterstellt. Auf der anderen Seite ist es gerade Frodo, der im *Herrn der Ringe* oft die Perspektive Elronds und Gandalfs aufnimmt und teilt. So kann man beispielsweise die Szene der Verführung Boromirs, der durch den Einfluss des Ringes fast dazu übergeht, Frodo den Ring zu nehmen, auch anders lesen. Natürlich ist diese Szene von Tolkien u.a. auch so angelegt, um die Wahl zum Guten oder dem Bösen zu illustrieren. Diese Gegenüberstellung findet man an und in Gandalf vs. Saruman, Boromir vs. Faramir oder Theoden vs. Denethor. Lässt man diese Funktion der Verführung Boromirs einen Augenblick beiseite, dann kann man die Situation anders lesen und zwar vor dem Hintergrund einer *menschlichen* Sicht und eines entsprechenden Zeithorizontes. Schon über eine lange Zeit kämpft Gondor gegen den Feind und schlägt bzw. hält ihn zurück. Unter Einsatzes des Einen Ringes wäre ein Sieg möglich.

> „Wir in Minas Tirith sind in langen Jahren der Prüfung standhaft geblieben. Wir trachten nicht nach der Macht von Zauberern, sondern nur nach Stärke, um uns zu verteidigen. Stärke für eine gerechte Sache. Und siehe da! In unserer Not bringt der Zufall den Ring der Macht ans Licht. Er ist ein Geschenk, sage ich; ein Geschenk für die Feinde von Mordor“ (Tolkien 1981a: 480).

Und Boromirs Einschätzung der Situation ist aus einer (menschlichen) Perspektive durchaus nachvollziehbar: „Der einzige Plan, der uns vorgeschlagen wurde, besteht darin, daß ein Halbling blindlings nach Mordor hineinläuft und dem Feind jede Möglichkeit bietet, den Ring wieder für sich selbst zu erlangen. Torheit!“ (Tolkien 1981a: 480). Und ist das aus menschlicher Perspektive nicht eine Torheit?

Frodo handelt nun in der Situation auf eine besondere Art Weise, nicht weil er unter dem Einfluss des Ringes steht, sondern weil er in seiner Entwicklung die Perspektive des Rates aufnimmt sowie unter dem Einfluss Celeborns und Galadriels – und der Erfahrung des Widerstehens der Versuchung von Galadriel – der zeitlichen Dimension seines Handelns gewahr wird. Solange der Ring nicht zerstört ist, wird das Böse in Form von Sauron und der Versuchung bestehen bleiben.

Die Frage wäre dergestalt, was ein Sieg genau bedeutet. Ist es eine Schlacht, die gewonnen wird oder ein finaler, abschließender Sieg? Und was wiederum wäre ein abschließender, finaler Sieg? Wenn der Feind vernichtet wird und sich ein Menschenleben lang nicht mehr regt, so wie es Boromir durch seine Motive insinuiert? Was wäre, wenn der Feind zu einem späteren Zeitpunkt erneut aus seiner „Asche“ hervorträte? Man sieht an diesem Aspekt gut, dass der Zeithorizont entscheidend für die Bewertung ist. Ist der Zeithorizont endlos, dann ist ein Sieg immer nur ein Sieg auf Zeit. Hier würde sich dann die Frage anschließen, warum die Wanderer durch die Zeitalter – also z.B. Galadriel, Gandalf oder Elrond – tatsächlich glauben, dass man das Böse endgültig besiegen kann; zumindest in der Form von Morgoth und anschließend Sauron. An dieser Stelle gilt es nicht das Theodizee-Problem zu erörtern, zumal es hier auf den Kopf gestellt wird. Wie das Böse in die Welt kam, ist bekannt und darüber wird im Silmarillion berichtet. Dass man es aber durch eine (mögliche?) Vernichtung tatsächlich dauerhaft verbannen und nicht nur dauerhaft in Schach zu halten vermag, ist der Antrieb dieser Wanderer durch die Zeitalter. Aber trotz ihrer Weisheit bleibt immer noch der Raum für die Möglichkeit der Rückkehr des „Schwarzen Feindes“, wie Melkor von Feanor genannt wurde (*Morgoth,* Sindarin für „Schwarzer Feind“).

Die fast märchenhaft-wundersam anmutende Kraft und Weisheit Frodos, den Ring zu übernehmen und auch über Bruchtal hinaus bis zum Schicksalsberg zu tragen, besteht zum Teil aus Schicksal, zum Teil aus der bei den Hobbits zu beobachtende Widerstandskraft gegen die Macht des Ringes sowie zu einem Teil aus der Erkenntnisfähigkeit Frodos. „‚Ich werde jetzt tun, was ich tun muß‘, sagte er. ‚Das wenigstens ist klar: das Böse des Ringes wirkt sich sogar schon auf den Bund aus, und der Ring muß die Gefährten verlassen, ehe er mehr Unheil stiftet. Ich werde allein gehen. Sofort.‘“ (Tolkien 1981a: 484)

So ist die Zeit eine bestimmende und fortwährend anwesende Kategorie in Tolkiens Welt Mittelerde. Der Zeithorizont, den die einzelnen Wesen und Völker besitzen, stellt die Grundlage für die Sichtweise auf die Geschehnisse sowie ihre Entscheidungen dar. Und erst vor dem Hintergrund dieser so unterschiedlichen Zeithorizonte, Deutungen und Gewichtung der Zeit, lässt sich der komplexe Prozess der Geschehnisse und der Entscheidungen der einzelnen Protagonisten verstehen.

Literatur

Bidlo, Oliver (2009): Rastlose Zeiten. Die Beschleunigung des Alltags. Oldib Verlag, Essen

Bidlo, Oliver D. (2012): Mythos Mittelerde. Über Hobbits, Helden und Geschichte in Tolkiens Welt. Oldib Verlag, Essen

Flieger, Verlyn (1997): A Question of Time. J.R.R. Tolkien’s Road to Faërie. The Kent State University Press, Kent OH/London.

Foster, Robert (2002): Das groß Mittelerde-Lexikon. Ein alphabetischer Führer zur Fantasy-Welt von J.R.R. Tolkien. Bastei Lübbe, Bergisch Gladbach.

Honegger, Thomas (2011): Time and Tide – Medieval Patterns of Interpreting the Passing of Time in Tolkien’s Work. In: Hither Shore 8 (2011),

Scriptorium Oxoniae, Düsseldorf, 86-99.
Kleu, Michael (Hrsg.) (2019): Antikenrezeption in der Science Fiktion. Oldib Verlag, Essen.
Kleu, Michael (Hrsg.) (2020): Antikenrezeption in der Fantasy. Oldib Verlag, Essen.
Kleu, Michael (Hrsg.) (2022): Antikenrezeption im Horror. Oldib Verlag, Essen (i.V.).
Klinger, Judith (2006): Hidden Paths of Time. March 13th and the Riddles of Shelob's Lair. In: Honegger, Thomas, Weinreich, Frank (Hrsg.): Tolkien and Modernity. 2 Bde. Walking Tree Publishers, Zürich. Bd. 2, 143–210.
Tolkien, J.R.R. (1981a): Der Herr der Ringe. Band I. Die Gefährten. Klett-Cotta, Stuttgart.
Tolkien, J.R.R. (1981b): Der Herr der Ringe. Band II. Die zwei Türme. Klett-Cotta, Stuttgart.
Tolkien, J.R.R. (1981c): Der Herr der Ringe. Band III. Die Rückkehr des Königs. Klett-Cotta, Stuttgart.
Tolkien, J.R.R. (1994): Das Silmarillion. Hrsg. von Christopher Tolkien, Klett-Cotta (Greifbücher), Stuttgart
Tolkien, J.R.R. (2021): Natur und Wesen von Mittelerde. Späte Schriften zu den Ländern, Völkern und Geschöpfen und zur Metaphysik von Mittelerde. Klett-Cotta, Stuttgart.

3. Zahlenmythologie in Tolkiens Welt

Der nachfolgende Aufsatz stellt eine Auswahl und Verdichtung des Aspektes der mittelalterlichen Zahlenallegorese bzw. -mythologie dar, den ich insbesondere in meinem Band „Mythos Mittelerde. Über Hobbits, Helden und Geschichte in Tolkiens Welt“ (2002/2012) ausgearbeitet habe.[1] In der nachfolgenden Darstellung soll neben dem Aspekt der Namenszahl, die bei Bilbo und Frodo nicht nur gleich ist, sondern sich überdies in weiteren Einzelaspekten wiederfindet, beispielhaft auf einige ausgewählte Zahlenverwendungen eingegangen werden, um so das Konzept der Zahlenmythologie und wie sie bei Tolkien Anwendung gefunden hat, anzuzeigen. Für eine weiterführende Darstellung sei auf den o.g. Band verwiesen.

Tatsächlich enthüllt ein genauer Blick auf – zumindest einige – Zahlen in Tolkiens Werken zusätzliche Tiefenschichten, die man zwar nicht zwingend kennen muss, um seine Geschichten zu verstehen und sich von ihnen unterhalten zu lassen. Aber das Wissen darüber erhöht das Lesevergnügen, stößt man doch auf weitere Erzählebenen, die sich unterhalb des sichtbaren Textes befinden. Dafür ist es erforderlich, Tolkiens Geschichten – vor allem den Herrn der Ringe, aber auch den Hobbit – als einen Mythos zu verstehen und zu lesen. Bevor es also um die Zahlensymbolik geht, lassen Sie mich einen kurzen Blick auf den Mythos werfen

Eine einheitliche Definition des Mythos ist wie z.B. auch im Falle der Fantasy kaum zu finden. Aber der Mythos lässt sich zumindest einigermaßen zuverlässig charakterisieren. Ein Mythos ist und war immer schon eine Erzählung, die mittels symbolischer Begrifflichkeit die Welt in ihrer materiellen vor allem aber auch spirituellen Verfasstheit in ihrer Ganzheit zu erklären suchte. Heute scheint zu-

[1] Neben der Veröffentlichung im Buch wurde der nachfolgende Text in angepasster Weise als Vortrag auf der RingCon 2002, 2004 sowie den Geldener Tolkien Tagen 2012 gehalten.

dem dazu zu kommen, dass es eine gewisse emotionale Zuwendung zum Mythos gibt. Das mag auch an der Nüchternheit einer durch die Erkenntnisse der Naturwissenschaften kausal immer besser zu erklärenden Welt liegen.

Der Mythos – erdichtete Erzählung, lat. Mythus – ist eine Erzählung in Symbolen und verlangt deshalb nach einer Interpretation, die hinter dem buchstäblichen einen verborgenen Sinn enthüllt und folglich seinen symbolischen Wirklichkeitsgehalt erklärt. Der Mythos überschreitet die Grenzen tatsächlicher geschichtlicher Ereignisse und spielt in einer ihm eigenen Zeit. Inhaltlich erzählt er von ursprünglichen Begebenheiten, die jedoch für die jetzige, gegenwärtige Situation den Ursprung bilden.

In Prähistorie und Antike war der Mythos ein Mittel zur symbolisch vermittelten Welterklärung, das von fabelhaften und magischen Dingen berichtete. Er hatte den Anspruch, den metaphysischen Überbau der Realität zu erklären und die Menschen einerseits durch die Erzählung in das größere Ganze des materiellen wie des spirituellen Kosmos einzubetten und sie andererseits durch den metaphysischen Verweis mit ihrer beschränkten Lebenssituation (der Erfahrung von Leid, Begrenztheit, Wandel, Tod) zu versöhnen. In dieser Hinsicht war der Mythos immer auch Therapie, Ausblick auf die ferne Zukunft und Trost für den Unbill so mancher Naturkatastrophe.

Geschichte wird zur Legende, Legende wird zum Mythos. So erhält der Mythos insofern eine Bedeutung, als dass er über die Quelle der menschlichen Existenz, ihre Grenzen und ihr Schicksal berichtet. Er vermittelt ein Verständnis der menschlichen Wirklichkeit, obgleich er nur auf indirekte Weise von ihr handelt. Der Mythos steht ferner für eine fruchtbare Weltbetrachtung und Welterklärung, die zwar auf eine frühe Kulturstufe verweist, aber dennoch einen Kern an Wahrheit in sich trägt. Er verdeutlicht natürliche wie gesellschaftliche Abläufe und dient folglich als Sinnstifter. Insofern hatte der Mythos in einem mythischen Weltbild immer schon eine grundlegende Orientierungsfunktion für das Handeln des Einzelnen. Die heutige Hinwendung und das Verständnis für den Mythos erfordern ein Heraustreten aus einer kausal determinierten Umwelt und das Beschreiten einer manchmal nebelhaft verschwommenen und phantastischen Welt. Es wird sich zeigen, dass sich in Tolkiens Arbeiten viele dieser Aspekte widerspiegeln; denn seine Geschichten halten Ebenen verborgen, die man nur dadurch enthüllen kann, dass man sich ihnen wie einem Mythos oder einer alten Geschichtsquelle nähert.

Bekanntlich hat Tolkien bei der Erstellung seiner Geschichten aus einer Vielzahl von Quellen geschöpft: So sind die Namen der Zwerge aus der Edda, dem nordischen Mythenbuch entnommen, ebenso wie übrigens der Name Gandalf, der dort zu finden ist. Aber auch aus dem christlich-mittelalterlichen Weltbild hat Tolkien eine Reihe von Aspekten entlehnt. Die Bibel als Buch der Bücher diente ihm das eine oder andere Mal als Quelle, wenngleich – und das ist wichtig zu betonen – ohne den unmittelbaren theologischen Sinngehalt. Tolkien verwob somit ganz unterschiedliche Aspekte zu einer ganz eigenen, hochkomplexen Geschichte. Das wiederum ist wichtig, um seine Verwendung von Zahlen nachzeichnen zu können.

Ein erstes Beispiel soll dies verdeutlichen, es stammt aus dem *Herrn der Ringe*: Bilbo und Frodo haben am gleichen Tag Geburtstag, ein Umstand, der noch an anderer Stelle von Bedeutung sein wird. Beide werden zusammen 144 Jahre alt (Bilbo 111 und Frodo 33). Daraus ergibt sich auch die Summe der Gäste, die eingeladen werden sollen. Es sind 144 Gäste. Die Zahl 144 wiederum spielt in der Bibel eine wichtige Rolle in der Offenbarung des Johannes. So heißt es dort:

> „Und ich hörte die Zahl derer, die versiegelt wurden: hundertvierundvierzigtausend, die versiegelt waren aus allen Stämmen Israels“ (Die Offenbarung des Johannes 7,4).

An diesen *Versiegelten* soll die Apokalypse vorüberziehen, ihnen wird kein größerer Schaden entstehen. Das Auenland lässt sich dergestalt als eine (oder gar diese) *versiegelte* Gesellschaft verstehen, auch wenn in der Bibel die 144 um den Faktor 1000 erhöht ist: Aus allen Hobbit-Stämmen sind Gäste bei dem Geburtstag. Tolkien gewährt über die Zahl 144 einen verborgenen Blick auf das Ende der Geschichte, nämlich dass das Unheil weitgehend am Auenland vorbeiziehen wird, weil es eine versiegelte Gesellschaft ist. Zwar droht im Kapitel „Die Befreiung des Auenlandes" auch den Hobbits einiges Ungemach, aber letztlich wird doch Schlimmeres verhindert und es sind gar nicht oder kaum Opfer zu beklagen.

Tolkien war tief verwurzelt im christlichen Glauben. Die Religion gab ihm Halt und Sicherheit, als seine Mutter, im Alter von nur vierunddreißig Jahren starb und er im Alter von zwölf Jahren zum Vollwaisen wurde. Ein katholischer Pater und Freund der Familie wurde zum Vormund für Tolkien und seinen Bruder bestimmt. Demzufolge kann die Kenntnis solcher bibelbezogener Motive allein schon aus seiner Erziehungsumgebung unterstellt werden. Darüber hinaus darf man nicht vergessen, dass Tolkien als Philologe die Bibel ohnehin als Grundlagenliteratur sehr gut gekannt hat, da die Bibel als Buch der Bücher einen grundlegenden Einfluss auf die Kulturgeschichte hatte und für jeden (westlichen) Sprachwissenschaftler eine wichtige Quelle für das Verständnis historischer Motive ist. Und zu diesen Motiven gehört zweifelsohne auch die Bedeutung der mittelalterlichen Zahlenallegorese. Gebäude, Schriften, Bildmotive oder Artefakte wurden oft mit Bezug auf die Bibel und dort vorkommende Zahlen und Zahlenverhältnisse entworfen. Aber nicht nur im christlichen Mittelalter, sondern in vielen Kulturkreisen – im antiken Griechenland, Ägypten oder in der Kultur der Chaldäer in Mesopotamien – waren mit Bedeutung aufgeladene Zahlen und Zahlenverhältnisse (Numerologie) nicht ungewöhnlich. Seit dem Erscheinen meines Buches „Mythos Mittelerde" im Jahre 2002 hat besonders der in Bezug zu Tolkien neue Aspekt der mittelalterlichen Zahlenmythologie, Zahlenallegorese oder Zahlensymbolik ein breites Echo erfahren und vielfältige Diskussionen hervorgebracht. Obgleich er nicht der einzige angesprochene Punkt im Buch ist, hat besonders dieser Aspekt zu Diskussionen angeregt. In diesem Diskurs sind die bisherigen Erkenntnisse bezüglich der Zahlensymbolik bei Tolkien weitgehend bestätigt worden. Bewusst hatte ich in dem Buch nur in meinen Augen sehr eindeutige zahlenspezifische Punkte aufgezeigt, da bekanntlich mit Zahlen und Zahlenverhältnissen so allerlei Unfug und Dummheit gemacht werden kann. Um solcherlei geht es mir nicht, sondern um ein antikes bis ins Mittelalter und darüber hinaus reichendes Stilmittel, das sich in vieler großer Literatur wiederfindet. Gleichzeitig hat sich in der anschließenden Auseinandersetzung mit dieser Perspektive verschiedenes neues Material aufgetan, das zum einen den Grundaspekt, dass Tolkien auch mit dem Stilmittel der mittelalterlichen Zahlenmythologie gearbeitet hat, weiter verstärkt.

Und zum anderen ist auch eine weitere Zahl hinzugekommen, von der man mit hoher Wahrscheinlichkeit davon ausgehen kann, dass Tolkien sie bewusst wählte, da ihr Sinngehalt mit der Bedeutung ihrer Träger übereinstimmt und ihre komplexe Verwendung im *Herrn der Ringe* verdeutlicht. Die Sprache ist hier von der Zahl 9, die dort in vielfältiger Weise erscheint. Auf die 9 wird in diesem Aufsatz aus Gründen des Umfangs nicht weiter eingegangen.[2]

So möchte ich an dieser Stelle einen kurzen Einblick in diesen – wie ich finde – hochspannenden Aspekt geben.

Tolkien hat in seine Texte selbst so allerlei Rätselhaftes, Verborgenes und Verstecktes untergebracht, das er von den Lesern zu finden gehofft hatte. Man denke hierbei an die verschiedenen Quellen, die er nutzte, von der christlichen Bibel bis hin zur nordischen Edda eben auch seine Verwendung von einigen Zahlen. Man denke auch an die Inklings – jenem Freundeskreis von Schriftstellern und Gelehrten, dem Tolkien angehörte –, die sich gegenseitig Rätsel durch

[2] Ich verweise hier auf den Band „Mythos Mittelerde" (2012).

ihre Texte aufgaben, Anspielungen versteckten und hofften, dass sie letztlich durch die Anwesenden doch auch entdeckt wurden.

Das Rätselspiel, wie es sich zwischen Bilbo und Gollum im Hobbit abspielt, war übrigens ein altbekanntes und beliebtes germanisches Spiel. Ging es um den Kopf des Anderen, sprach man auch von einem *Halsrätsel*. Nun spielt Tolkien ein ähnliches Spiel an einigen Stellen mit den Lesern, allerdings ohne dass wir Angst haben müssten, dass es um unseren Kopf geht.

Wenden wir uns an dieser Stelle den Zahlen zu. Zunächst sind Zahlen für viele Menschen in unserer heutigen Zeit mehr ein notwendiges Übel, mit dem man sich notgedrungen im Mathematikunterricht auseinandersetzen muss. Sie sind heute Ausdruck reiner und absoluter Rationalität. Anders verhielt es sich im Mittelalter, und es wird sich zeigen, dass Tolkien dies an einigen Stellen genutzt hat. Mittelalterliche Zahlensymbolik oder auch Zahlenallegorese meint das Auslegen von Zahlen. Von der Antike bis zum Mittelalter wurde der Zahl auf diesem Weg eine besondere Wertschätzung zuteil, da sie als Zeichen einer von Gott gestifteten Wahrheit verstanden wurde. Gott gibt durch seinen unergründlichen Entwurf und seine Verwendung der Zahlen einen flüchtigen Einblick in die Geheimnisse der Schöpfung, die von den Menschen durch Zahlenauslegung erkannt und bis zu einem gewissen Punkt mithin auch nachvollzogen werden kann. Wiederfinden kann man dies in verschiedenen Kirchenbauten, die nach einem exakten Plan gebaut wurden, der die Verwendung von heiligen Zahlen miteinschloss, musikalischen Kompositionen von Bach, Namensgebungen etc. Dieses hatte im Mittelalter bis weit hin ins 19. Jahrhundert eine große Tradition. Ja, stand denn nicht in der Bibel, dass Gott die Welt nach Maß und Zahl aufgeteilt und erschaffen hatte?

Bis ins kleinste Detail wurde beim Kirchenbau darauf geachtet, die Anzahl von Blüten einer Blume, die Anzahl von Mustern, Statuen usw. alles war durchdacht im Sinne einer Verwendung von heiligen Zahlen. Bach verwendete sie in seinen Kompositionen belegter Ma-

ßen, in der Gotik wurde es ins Äußerste getrieben, aber auch in der Klassik und der Romantik war die Anwendung eines solchen zahlenmythischen Zusammenhangs weit verbreitet z.B. bei Goethe, Schiller, Novalis oder Thomas Mann in seinem Zauberberg.
Aber auch heute gibt es noch Zahlen, die eine besondere Bedeutung haben und zumeist mit einem Aberglauben belegt sind: Ist es ein Zufall, dass Tolkien unseren Freund Bilbo mit 13 Zwergen auf die lange und gefährliche Reise schickt? Oder hat die 13 einen reinen Formelcharakter? Ich denke es ist kein Zufall, dass es sich genau um 13 Zwerge handelt. Zunächst ist offensichtlich: Die 13 ist eine Zahl des Unglücks und des Verderbens. Auch heute gibt es noch Fluggesellschaften, die keine 13. Sitzreihe haben oder Hotels, die kein Zimmer 13, sondern nur ein Zimmer 12 a haben. Nach einer alten Tradition dürfen keine 13 Personen an einem Tisch sitzen usw. Den Unglückscharakter der 13 verweist zunächst auf Jesus und seine Jünger, aber auch in viel älteren Traditionen ist eine Gruppe von 13 ein Vorzeichen, dass einer von ihnen, zumeist der Anführer, sterben wird; die 12 gilt als ein geschlossener und perfekter Kreis (s. auch Zodiakus, Tierkreiszeichen). Der 13. zerstört in dieser Sicht den perfekten Kreis. Und ist es nicht genau das, was Thorin dem Zwerge und Anführer der Gruppe widerfährt? Er war der Anführer der Zwergengruppe, er ist derjenige, der schlussendlich stirbt. Zugegeben, bisher kann die Wahl der 13 auch nur einen rein formalen Charakter haben und muss nicht zwingend von Tolkien bedacht worden sein.

Aber die 13 bot Tolkien eine weitere wichtige Möglichkeit, um ein kleines Rätsel mit seinen Leserinnen und Lesern zu spielen. Wenn Bilbo nämlich hinzu kommt, ist er der 14. der Gruppe! Und das verändert einiges.

In einem Gespräch mit dem Drachen Smaug verdichtet sich dies. Bilbo spricht in Rätseln zu Smaug und zwar indem er von seinen Abenteuern spricht, die er bisher auf seiner Reise erlebt hat:

> „Ich bin der Spurfinder, der Netzschlitzer, die stechende Fliege. Ich wurde wegen der Glückszahl genommen.
> [...] Ich bin derhenige, der seine Freunde lebendigt einsargt, sie erträngt und dann doch wieder lebendig aus dem Wasser zieht.
> [...] Ich bin ein Ringfinder und Glücksträger“ (Tolkien 1997: 248).

Etwas später sagt Smaug dann:

> „Warum sagst Du nicht gleich ‚uns vierzehn‘, [...] Mister Glückszahl?“ (Ebd.: 250)

Wie kann Smaug dies erraten? Wie kann er erraten, dass es sich um 14 Personen handelt? Weder über die Anzahl der Ponys, die er bereits gefressen hatte, noch über andere Hinweise hätte Smaug auf die Zahl 14 kommen können. Und warum überhaupt sollte 14 eine Glückszahl sein, wie Smaug Bilbo („Mister Glückszahl“) bezeichnet, und warum stellt sich Bilbo selbst als ein Nothelfer dar, indem er in Kurzform auf einige seiner bisherigen Abenteuer anspielt, bei denen er unter anderen auch die Zwerge aus der Not rettete?
Das wiederum kann man nur einsehen, wenn man sich ins Mittelalter begibt und dort nach der Bedeutung der Zahl 14 sucht und in diesem Zusammenhang auch auf einen „Verwandten“ von Smaug trifft. Und tatsächlich war die 14 im Mittelalter eine besondere Zahl, nämlich die Zahl der zu jener Zeit in Europa bekannten *14 Nothelfer* im Mittelalter, einer Gruppe von Heiligen. In unseren Breitengraden lässt sich das Aufkommen der Nothelferverehrung seit dem 14. Jahrhundert beobachten. Die einsetzende Verehrung der vierzehn Heiligen findet sich dann im 15. Jahrhundert, wo sie als geschlossene Gruppe der Nothelfer bekannt wurden. Von dieser Tradition zeugt zum Beispiel die Barockkirche Vierzehnheiligen in Franken, die dieser Gruppe ihren Namen verdankt. Die Bildung einer Gruppe von vierzehn ist nicht ein Zufall, sondern erklärt sich

aus der Symbolik der Zahl. In ihr steckt die doppelte Sieben, die ebenfalls eine heilige Zahl ist. Dies drückt sich unter anderem in den sieben Sakramenten, den sieben Gaben des Heiligen Geistes, aber auch in profaneren Aspekten aus wie den sieben freien Künsten (den *septem artes liberales*), den sieben Tugenden oder den sieben Wochentagen. Weiterhin kam Jesus auf vierzehn Kreuzwegstationen zum Berge Golgotha (vgl. Bichler 1998, S. 8). Die 14 steht somit als Symbol der Nothelfer und Heiligen, als Zeichen der mit Verstand verbundenen Barmherzigkeit und als Zeichen der Hilfe in bzw. aus der Not. Ergänzend lässt sich noch auf den Propheten Muhammad hinweisen, dessen Beiname Taha den Zahlenwert vierzehn hat und darauf hindeutet, dass er strahlend wie der volle Mond in der Dunkelheit der Welt erschien. Hier spielt zudem die Bedeutung der Vierzehn als zentrale Mondzahl eine Rolle, denn vierzehn Tage verhelfen dem werdenden Mond zu seiner ganzen Herrschaft als Vollmond (vgl. Endres/Schimmel 2001, S. 228).

Diese Ebenen unterlegte Tolkien also, wenn er Bilbo von der Glückszahl und dem Nothelfer sprechen lies. Denn tatsächlich ist Bilbo dies: Er ist nahezu fortwährend für die Zwerge ein Nothelfer, ein Retter in der Not.

Aber Tolkien wäre nicht Tolkien, spielte er nicht noch etwas ausgeklügelter: Einer der mittelalterlichen Nothelfer war zufällig auch der Nationalheilige Englands, Tolkiens Heimatland (abgesehen von Südafrika), der Heilige Georg. Aber noch nicht genug, dieser heilige Georg hatte es zufällig einmal mit einem Verwandten Smaugs zu tun, mit einem Drachen. So lässt sich aus dem bisher Gesagten deutlich der Schluss ziehen, dass Tolkien bewusst auf das Sinnbild der 14 Nothelfer und hier besonders auf den Heiligen Georg hindeutet, wenn er von Bilbo als Nothelfer bzw. Retter in der Not und Träger der Glückszahl sprechen lässt, zudem noch in einem Dialog mit einem Drachen.

Und wäre dies alles nicht schon Nachweis genug, ließ Tolkien in einer früheren Version des Hobbits nicht Bard, sondern Bilbo den

Drachen töten. Und dies tat Bilbo in einer ersten Version der Geschichte nicht mit einem Schwert oder mit Pfeil und Bogen, sondern mit einem Speer bzw. einer Lanze – genau so, wie es St. Georg getan hat –, die er zuvor aus Smaugs Sammlung gestohlen hatte. Einige kurze Auszüge aus Tolkiens Notizen verdeutlichen dies:

> "He goes in and kills dragon as it sleeps [added: exhausted after battle] with a spear" (Tolkien 2008a, S. 364).

Und etwas später findet sich dort eine einseitige Darstellung zur Plot-Notiz „*Bilbo Kills Smaug*", die Tolkiens erste Absicht bzgl. Bilbo ausweist; „Tolkiens's intention of casting Bilbo in the role of dragon-slayer" (ebd. S. 374). In den Textnotizen der beiden Bände *The History of The Hobbit* betont John Rateliff:

> "'He sees shields and spears', where one of these spears had been projected to play a crucial roll in the climax as the weapon with which Bilbo was to kill the sleeping dragon [...]. Interestingly enough, while its significance disappeared after this point, these spears survive as an element in Smaugs's horde and actually appear in the painting 'Conversation with Smaug' [...], made some five years later after the book had been published" (Tolkien 2008b, S. 497).

Warum die Speere wieder in Erscheinung traten (wenngleich nur als Dekoration), sollte nun deutlich geworden sein und nicht mehr verwundern. Tolkien spielt auf Bilbo als St. Georg den Drachentöter an, wenngleich Bilbo selbst den Drachen in der finalen Version des Buches nicht tötet. Und Tolkien musste sich einige Gedanken darüber machen, wer – ohne einen neuen Charakter einzufügen, der zudem selbst eine Geschichte hätte erhalten müssen – den Drachen schlussendlich töten soll (vgl. Tolkien 2008b, S. 555 ff.). Hier war Bard eine geeignete Wahl.

St. Georg tötet den Drachen

In der Kenntnis des mittelalterlichen Zahlenglaubens und der Zahlensymbolik liegt ein wichtiger Schlüssel zu der im Mittelalter vorherrschenden Weltsicht. Oft entlehnte Tolkien bestimmte Sichtweisen, Themen oder Überzeugungen aus diesem Weltverständnis, um sie in seinem Werk in einen veränderten, neuen Zusammenhang zu bringen. Ein Beispiel hierfür ist eben auch sein Umgang mit Zahlen und ihrer Bedeutung. Zwar würde es bei weitem zu weit führen, zu behaupten, dass Tolkien sein ganzes Werk mit zahlenmythologischer und zahlenallegorischer Bedeutung unterlegt hat, aber er hat vereinzelt auf dieses Mittel zurückgegriffen, um die Bedeutung einer Sache zu untermauern oder einfach aus Freude daran, eine für ‚Eingeweihte' weitere Betrachtungsebene zu etablieren. Und genauso verhält es sich bei Tolkien: Die verwendeten Zahlen untermauern die Bedeutung ihrer Träger. Zwar wird kein *geheimer* Sinn hineingelegt, der z.B. eine völlig neue Lesart offenbart. Aber ein verborgener Sinn ist zu finden, der den Personen eine tiefere Bedeutungsebene verleiht. Hinter den Zahlen bzw. hinter einigen Zahlen verstecken sich weitere Geschichten. So verbindet Tolkien überdies mindestens an einer Stelle Namen und Zahlen.

Denn auch Namen spielen bei Tolkien eine besondere Rolle. Er wählte sie stets mit Bedacht und feilte lange an ihnen, bis sie genau seinen Vorstellungen entsprachen. So ist es auch bei Bilbo und bei Frodo. Der Name Bilbo spielt unter anderem auf ein Stich ähnliches Schwert aus Shakespeares Zeiten an. Und Frodo lehnt sich an einen nordischen König Frotho oder auch Frodi an. Tolkien ließ sich ein Mitspracherecht bei der Übersetzung in fremde Sprachen einräumen, um sicherzustellen, dass der symbolische und philologische Gehalt der Namen nicht verloren ging und überdies wurden die Vornamen sowieso nicht übersetzt, sondern allein die Nachnamen. Wer sich einmal anschauen möchte, wie Tolkien an den Namen seiner Figuren gearbeitet hat, den verweise ich an dieser Stelle auf die „History of Middle Earth" (Tolkien 2008a und b). Auch in Carpenters Biographie wird das Thema der Namen immer wieder thematisiert (vgl. Carpenter 1979, z.B. S. 216-217, 223-224,).

Ein Name war nun in einem mythischen Weltbild nicht einfach nur die Bezeichnung einer Sache oder einer Person. Vielmehr war der Name eines Wesens oder einer Sache in dieser Weltsicht überhaupt nicht zu trennen von dem benannten Wesen; das Bezeichnende und das Bezeichnete bilden hier eine nicht trennbare Einheit. Ja, der Name einer Person war sogar körpergleich. Im Märchen Rumpelstilzchen wird dieses noch angedeutet, wenn es heißt: „Ach wie gut das niemand weiß, dass ich Rumpelstilzchen heiß." Seinen Namen muss man schützen, denn er ist mehr als nur eine Bezeichnung, in ihm steckt nach diesem alten Glauben, der Schlüssel zum Schicksal seines Trägers. Aus diesem Grund glaubte man auch durch eine geschickte Namensgebung, das Schicksal eines Neugeborenen günstig beeinflussen zu können. In vielen Fantasy-Geschichten wird mit diesem Motiv gespielt: Wenn man den echten Namen einer Sache oder einer Person kennt, dann hat man Macht über es bzw. ihn, kann es oder ihn verzaubern. Kommen wir in diesem Zusammenhang nun zur Namenszahl: Dieser Zahl wurde eben diese schicksalsträchtige Bedeutung zugewiesen. Jedem Buchstaben wurde z.B. eine einstellige Zahl nach dem Muster A=1, B=2,..... I=9 (Zahlen von 1-9 wiederkehrend) usw. zugewiesen. Man addierte anschließend alle Zahlen des Vornamens und zog die Quersumme bis eine einstellige Zahl übrig blieb (vgl. hierzu u.a. Barrett 1995, S. 34 ff.). Dazu bedarf es keiner allzu großen mathematischen Fähigkeiten (die Tolkien gleichwohl besaß). Jede Zahl hatte eine bestimmte Bedeutung, die etwas über den Menschen und seine Stellung im Kosmos und seinen Lebensweg aussagte.

Numerologische Umrechnungstabelle

1	2	3	4	5	6	7	8	9
A	B	C	D	E	F	G	H	I
J	K	L	M	N	O	P	Q	R
S	T	U	V	W	X	Y	Z	

Wenden wir dieses Schema auf Bilbo an, dann kommt man bei ihm auf 2+9+3+2+6=22 = Quersumme 2+2 = **4**. Versuchen wir nun einmal gleiches bei Frodo (6+9+6+4+6) so erhalten wir (31 = Quersumme 3+1) also ebenfalls **4.**

Wendet man übrigens nicht das Muster der Zahlen von 1-9 wiederkehrend an, sondern nummeriert alle Zahlen von A-Z durch (also 1-26), so kommt man für Bilbo auf:

B (2) I (9) L (12) B (2) O (15) auf 2+9+12+2+15 = 40 = Quersumme 4 + 0 = **4.**

Und für Frodo ist die Rechnung dann:

F (6) R (18) O (15) D (4) O (15) ergibt 6+18+15+4+ 15 = 58 = Quersumme: 5+8 = 13 = 1+3 = **4**.

Das ist bereits erstaunlich. Denn beide Namen ergeben in den beiden gängigen zahlenmythologischen Umrechnungstabellen stets den Namenswert 4. Vielleicht mag man bis hierher immer noch an einen Zufall glauben. Schaut man sich aber nun auch ihren Geburtstag an, zeigt sich ebenfalls Erstaunliches.

Ihr Geburtstag ist bekanntlich der 22.9. In beiden Varianten ergibt sich ebenfalls 4 (22+9 = 31 = 3+1 = 4 oder 2+2+9 = 13 = 1+3 = 4). Hier wird nun der Aspekt des Zufalls immer unwahrscheinlicher. Beschaut man diesen Aspekt genauer, wird schnell deutlich, dass Tolkien auch hier – bei der Namenszahl – mit der mittelalterlichen Zahlenallegorese gearbeitet hat. Zunächst sollte man bedenken, wie eng Tolkien die beiden Hobbits Frodo und Bilbo zusammengestellt hat. Sie haben am gleichen Tag Geburtstag, sind Onkel und Neffe und später sogar Stiefvater und Stiefsohn, Frodo erbt Bilbos Besitz, beide erleben für einen Hobbit nahezu unfassbare Abenteuer. Und hier sei erneut daran erinnert, wie lange sich Tolkien mit der Namensfindung und Erzeugung auseinandergesetzt hat. Übrigens sollte der Hobbit, der sich im *Herrn der Ringe* auf den Weg macht, zunächst Bingo heißen. Tolkien änderte im Schreibprozess den Namen und nutzte bekanntlich schlussendlich den Namen „Frodo“, der zuvor von einer Nebenfigur getragen wurde (vgl. Carpenter 1979: 216-217). Alles deutet also von Seiten Tolkiens darauf hin, dass er Bilbo und Frodo bewusst so eng zueinander gestellt hat; und entsprechend auch ihre Namenszahl identisch anlegte. Was aber sollte dies für einen Sinn haben?

Dieser wird schnell einsichtig, wenn man beschaut, welche Bedeutung die Zahl 4 in den meisten Kulturen und vor allem im europäischen Mittelalter besaß. Und tatsächlich: Die Bedeutung der Zahl 4 deckt sich mit dem Wesen und den Taten der beiden Hobbits. Die Zahl 4 galt in allen Kulturen als vollendete Ordnungszahl, d.h. sie ist jene Zahl, die Ordnung in die Welt bringt.

- Die vier weltlichen Tugenden: Gerechtigkeit, Tapferkeit, Weisheit (Klugheit), Mäßigung. Diese Tugenden können im Gegensatz zu den theologischen Tugenden erworben werden.
- Die vier Temperamente: Sanguiniker Phlegmatiker, Choleriker, Melancholiker.
- Im Mittelalter bezog sich die Vier auf ein zeitlich und räumlich begrenztes Weltmodell.
- Vier Himmelsrichtungen.
- Vier Weltreiche.
- Vier Evangelisten (Markus, Matthäus, Lukas, Johannes).
- Vier Elemente (Erde, Wasser, Feuer, Luft).
- Vier Jahreszeiten (Frühling, Sommer, Herbst und Winter) usw.
- Vier-Säftelehre in der Medizin; darin ging man davon aus, dass die vier Säfte Blut, Schleim, gelbe und schwarze Galle sich im menschlichen Körper im Gleichgewicht befinden. Verschiebt sich das Gleichgewicht, so erkranke der Mensch.

Im Altertum und Mittelalter war die Vier das Symbol der Welt und ihrer Ordnung. „Die Vier ist unlösbar mit der ersten erkenntnismäßigen Ordnung auf Erden verbunden, sie setzt Ordnung in eine schwer übersehbare Mannigfaltigkeit“ (Endres/Schimmel 2001, S.

102). Die 4 setzt also Ordnung, wo sonst Chaos herrschen würde, sie bringt Übersichtlichkeit in eine aus den Fugen geratene Welt. Und ist es nicht genau das, was die beiden Hobbits tun? Auch sie bringen in einem übergeordneten Rahmen Ordnung in die Welt, wobei dies bei Frodo noch deutlicher zu Tage tritt. Frodo befreit Mittelerde aus der Umklammerung des Dunklen Herrschers und bringt zudem auch Ordnung ins Auenland, als es drohte unterjocht zu werden. Und auch Bilbo bringt Ähnliches zustande. Und vielleicht ist es dergestalt auch kein Zufall, dass Tolkien vier Hobbits auf die Reise geschickt hat? In einem Aufsatz von Stephen Yandel, der mir erst später in die Hände viel, als dieser Punkt bereits ausgearbeitet war, wird dieser Aspekt aus einer anderen Richtung kommend ebenfalls thematisiert. Auch wenn Yandell selbst die Namenszahlen und den Aspekt der mittelalterlichen Zahlenallegorese gar nicht explizit behandelt.[3] Er trägt folgenden Titel *„A Pattern Wich Our Nature Cries Out For": The Medieval Tradition of the Ordered Four in the Fiction of J.R.R. Tolkien*. Dort zeichnet Yandell nach, dass einige der Inklings – ein literarischer Diskussionskreis, zu dem auch Tolkien gehörte – Anhänger dieser Sichtweise der Ordered Four waren.

> "[...] Tolkien and the Inklings were familiar with the primarily Medieval notion that the matter of the world is inherently divided into groups of ‚four'. This division may be seen around humans (in Nature), among humans, within humans, and in humans creations (Art)" (Yandell 1992, S. 375).

In dem Aufsatz erkennt Yandell, dass die narrative Struktur des Herrn der Ringe ähnlich aufgebaut ist. Als wesentliches Strukturelement des Textes identifiziert er die vier narrativen Linien oder Gruppen, die durch den Bruch der Gemeinschaft entstehen: Gandalf, Frodo und Sam, Merry und Pippin, Aragorn, Legolas und

[3] Den dankbaren Hinweis auf den Aufsatz gab mir mein Kollege Prof. Dr. Thomas Honegger.

Gimli. Das Zusammenspiel dieser 4 Gruppen, die teilweise zusammenkommen und sich wieder lösen, konstituiert ein Wesentliches der Geschichte.

> "The narrative structure of The Lord of the Rings represents the most effective application of these ideas. Tolkien's masterpiece make use of a Medieval interlace structure wich depends on the interaction of four narrative groups wich exist after the breaking of the Fellowship" (Yandell 1992, S. 375).

An dieser Stelle möchte ich den Aspekt der Zahlenmythologie verlassen.[4] Zahlen selbst stehen für etwas, sind symbolhaft, genauso wie Texte, hinter denen sich mehr finden lässt als auf den ersten Blick zu sehen ist. Dergestalt gehört der Aspekt mehr in das Feld der Mediävistik, Sprach- und Literaturwissenschaft, also in den Bereich der Germanistik und es ist somit auch nicht verwunderlich, dass dieser Punkt auch heute noch eben dort verortet ist und Literatur diesbezüglich sich in Bibliotheken der Germanistik und nur äußerst selten der Mathematik finden lässt. Man kann mit Sicherheit davon ausgehen, dass Tolkien als erfahrener und professioneller Kenner des Mittelalters und seiner Literatur die mittelalterliche Zahlenallegorese gut gekannt und an einigen Stellen seiner Texte genutzt hat.

Vielleicht ist es diesem kurzen Aufsatz gelungen, die Leserinnen und Leser dazu anzuregen, die Geschichten Tolkiens rund um Mittelerde, aber auch darüber hinaus, mit neuen und weiteren Augen zu lesen. Und vielleicht entdecken sie selbst bei der erneuten Lektüre noch ungehobene Schätze, Geschichten, Anspielungen oder kleine philologische Scherze und Rätsel, die bisher ebenfalls noch nicht gefunden wurden.

---

[4] Eine erweiterte Fassung des Aspektes der mittelalterlichen Zahlenmythologie bei Tolkien, in der auch auf die Zahl 9 eingegangen wird, findet sich in meinem Buch „Mythos Mittelerde. Über Hobbits, Helden und Geschichte in Tolkiens Welt" (2012).

Literatur

Barrett, David V. (1995): *Zahlensymbolik und was sie bedeutet*. Flechsig Verlag, Würzburg

Bichler, Albert (1998): *Die vierzehn Nothelfer*. Pattloch Verlag, Augsburg

Bidlo, Oliver D. (2012): *Mythos Mittelerde. Über Hobbits, Helden und Geschichte in Tolkiens Welt*. Oldib Verlag, Essen.

Carpenter, Humphrey (1979): J. *R. R. Tolkien. Eine Biographie*. Hobbit Presse/Klett-Cotta, Stuttgart

Endres, Franz Carl, Schimmel, Annemarie (2001): *Das Mysterium der Zahl. Zahlensymbolik im Kulturvergleich*. Hugendubel (Diederichs) Verlag, Kreuzlingen, München

Tolkien, J. R. R. (1981): *Der Herr der Ringe*. Bd. 1-3, Hobbit Presse/Klett-Cotta, Stuttgart

Tolkien, J. R. R. (1997): *Der kleine Hobbit*. Deutscher Taschenbuch Verlag, München

Tolkien, J. R. R., John D. Rateliff (2008a): *The History of The Hobbit. Part One. Mr. Baggins*. Harper Collins Publishers, London

Tolkien, J. R. R., John D. Rateliff (2008b): *The History of The Hobbit. Part Two. Return to Bag-End.* Harper Collins Publishers, London

Yandell, Stephen (1992): „A Pattern Wich Our Nature Cries Out For“: The Medieval Tradition of the Ordered Four in the Fiction of J.R.R. Tolkien S. In: Proceedings of the J.R.R. Tolkien Centenary Conference. Keble College, Oxford, S. 375-392.

4. Verbotene Pfade nach Mittelerde?

Dieser Aufsatz möchte einige grundsätzliche Aspekte der literaturwissenschaftlichen Herangehensweise an Tolkiens Arbeiten rund um Mittelerde thematisieren. Bekanntlich gibt es unzählige Interpretationen und Deutungen zu Tolkiens Werken im Allgemeinen und dem *Herrn der Ringe* im Besonderen. Tolkien hatte eine ganz eigene Vorstellung von dem, was eine gute oder weniger gute Interpretation ausmacht und was seines Erachtens eine gültige Herangehensweise an sein Werk ist und was eben nicht. Sie alle haben sicherlich äußerst sorgfältig das Vorwort zum Herrn der Ringe gelesen, auf das ich hier anspiele. Zum einen teilt Tolkien uns dort sein Hauptmotiv für die Arbeit am *Herrn der Ringe* mit, nämlich „der Wunsch eines Märchenerzählers, es einmal mit einer wirklich langen Darstellung zu versuchen, die die Aufmerksamkeit der Leser fesselt, sie unterhält, erfreut und manchmal vielleicht erregt oder tief bewegt“ (Tolkien 1981: 10).

Darüber hinaus gibt er den Lesern und Interpreten, und unter Interpreten verstehe ich hier eine gewissermaßen literaturwissenschaftliche Herangehensweise, denn Interpreten im weiten Sinne sind natürlich jeder Leser und jede Leserin, den deutlichen Hinweis, dass es nach Ansicht des Verfassers keine tieferen Bedeutungen bzw. Botschaften im Werk gebe und es weder allegorisch noch aktuell sei. Der bekannte Satz Tolkiens, den man sich häufig bei vorgetragenen Interpretationen und anschließender Diskussion in nicht Experten-Gruppen, und das ist keineswegs abfällig gemeint, gegenüber gestellt sieht, lautet mit Tolkiens eigenen Worten: „Aber ich habe eine herzliche Abneigung gegen Allegorie, und zwar immer schon, seit ich alt und wachsam genug war, um ihr Vorhandensein zu entdecken“ (Tolkien 1981: 11-12). Tolkien expliziert diesen Gedankengang im Anschluss anhand der Unterscheidung „Anwendbarkeit“ und „Allegorie“ und erklärt, dass die eine der Freiheit des Lesers überlassen bleibe, während die andere dem Leser von der Absicht des Verfassers aufgezwungen werde. Schauen wir uns den Begriff der Allegorie einmal etwas genauer an. Literaturwissenschaftlich betrachtet muss man zwischen der Allegorie, auch rhetorische Allegorie genannt, und der Allegorese unterscheiden, die auch als hermeneutische Allegorie bezeichnet wird. Wir haben also zum einen den Begriff der rhetorischen Allegorie und zum anderen den Begriff der hermeneutischen Allegorie.

Die rhetorische Allegorie bezeichnet eine rhetorische Figur, bei der ein abstrakter Begriff beispielsweise personifiziert wird, um ihn verständlicher zu machen. Ein Beispiel ist das Recht, welches als Justitia dargestellt wird, eine Frauengestalt mit Waage, Augenbinde und Schwert. Wichtig ist, dass diese Art von Allegorie in einem kultur- und sozialgeschichtlichen Verwendungskontext eingebettet ist und so der Gebrauch und das Verstehen dieser Allegorie sichergestellt ist. Sie muss nicht entdeckt werden, sondern wird einfach durch Sozialisation verstanden. Sie will verdeutlichen und nicht verschleiern, sie will einfach und schnell verstanden werden. Anders ausgedrückt, es handelt sich um eine rational fassbare Darstellung eines abstrakten Begriffs in einem Bild.

Von dieser rhetorischen Allegorie ist nun die hermeneutische Allegorie oder auch Allegorese abzugrenzen. Diese ist ein in der Antike entwickeltes und im Mittelalter weiter differenziertes hermeneutisches Verfahren der Textauslegung, das darauf abzielt, einen über den Wortsinn („sensus litteralis") hinausweisenden, tieferen, im Wort zeichenhaft verborgenen symbolischen Sinn („sensus spiritualis") aufzuspüren und zu entschlüsseln. Es soll folglich eine Art Subtext bzw. eine weiterführende Bedeutung zu finden sein. Dieser Subtext muss nicht zwangsläufig eine abgehobene Botschaft beinhalten, er kann auch einfach eine zusätzliche, geheime Untermalung des schon Offensichtlichen sein. Um diese Art von Allegorie muss es Tolkien gegangen sein, wenn er sich gegen Allegorien ausgesprochen hat, d.h. gegen das Aufspüren, genauer gesagt Vorhandensein

eines tieferen Sinnes unter der Oberfläche des einfachen Textes.
Aber Tolkien irrt an dieser Stelle; oder etwas harmloser gesprochen, seine Beweggründe für das Leugnen von Allegorien waren nicht die angeblich nicht vorhandenen Sinninhalte, sondern er wollte vielmehr vor einer zu schnellen und einfachen Bewertung und Einordnung des *Herrn der Ringe* z.B. im Sinne eines Weltkriegsduplikat, sei es des 1. oder des 2. großen Krieges der Menschen, warnen.
Wie ich nämlich an anderer Stelle bereits dargelegt habe, kann man Tolkiens Arbeiten mit Recht als Mythologie bzw. Mythos bezeichnen, d.h. Tolkien konzipiert seine Arbeit als ein Mythos bzw. Mythologie (vgl. ausführlich Bidlo 2012). Und es wird sich zeigen, dass diese Konzeption in gewisser Hinsicht eine allegorische Lesart unterstellt bzw. herausfordert. Die heutige Hinwendung und das Verständnis für den Mythos erfordern ein Heraustreten aus einer kausal determinierten Umwelt und das Beschreiten einer manchmal nebelhaft verschwommenen und phantastischen Welt. In Tolkiens Arbeiten spiegeln sich viele Aspekte wider, die seine Welt Mittelerde zu einem Mythos bzw. zu einer Mythologie machen; denn seine Texte halten Gesichtspunkte verborgen, Tiefenschichten, die man nur dadurch enthüllen kann, dass man sich ihnen wie einem Mythos oder einer alten Geschichtsquelle nähert. Der Mythos (griech. Mythos, erdichtete Erzählung, lat. Mythus) überschreitet die Grenzen tatsächlicher geschichtlicher Ereignisse und spielt in einer ihm eigenen Zeit. Inhaltlich erzählt er von ursprünglichen Begebenheiten, die jedoch für die jetzige, gegenwärtige Situation den Ursprung bilden. So erhält der Mythos insofern eine Bedeutung, als das er über die Quelle der menschlichen Existenz, ihre Grenzen und ihr Schicksal berichtet. Er vermittelt ein Verständnis der menschlichen Wirklichkeit, obgleich er nur auf indirekte Weise von ihr handelt. Der Mythos steht ferner für eine fruchtbare Weltbetrachtung und Welterklärung, die zwar auf eine frühe Kulturstufe verweist, aber dennoch einen Kern an Wahrheit in sich trägt. Er verdeutlicht na-

türliche wie gesellschaftliche Abläufe und dient folglich als Sinnstifter. In diesem Sinne besitzt er für die Menschen eine Orientierungsfunktion. Da der Mythos eine Erzählung in Symbolen ist, verlangt er nach einer Interpretation, die hinter dem buchstäblichen einen verborgenen Sinn enthüllt und folglich seinen symbolischen Wirklichkeitsgehalt erklärt. Er muss dergestalt allegorisch verstanden werden. Ähnlich verhält es sich mit Tolkiens *Herr der Ringe* und *Der Hobbit*. Zwar darf man sie nicht als Ganzes allegorisch verstehen, aber sie beinhalten einige Allegorien, die es zu entdecken und zu verstehen gilt. Ein sehr anschauliches Beispiel für eine hermeneutische Allegorie in diesen beiden Werken ist die von mir an anderer Stelle nachgewiesene zahlenmythologische bzw. -allegorische und dadurch bedeutungsträchtige Unterlegung von Seiten Tolkiens, wie man sie am Beispiel der Namenszahl Frodos und Bilbos, der 144 Geburtstagsgäste von Bilbos Geburtstag oder der Gruppe von 13 Zwergen, mit denen sich Bilbo zu seiner abenteuerlichen Reise aufmacht, deutlich sehen kann. Da bereits im vorangegangenen Aufsatz ausführlich darauf eingegangen wurde, belasse ich es bei diesem Hinweis. An den Beispielen wird deutlich, dass Tolkiens die Verwendung von (einigen) Zahlen eng an die mittelalterliche Zahlenallegorese angelehnt hat. Er arbeitet also sehr wohl mit einer hermeneutischen Allegorie, deren Vorhandensein er vorher abgestritten hat, indem er bedeutungsträchtige Zahlen verwendet, die auf weitere Geschichten verweisen. In der Kenntnis des mittelalterlichen Zahlenglaubens und der Zahlenmystik liegt ein wichtiger Schlüssel zu der im Mittelalter vorherrschenden Weltsicht. Oft entlehnte Tolkien bestimmte Sichtweisen, Themen oder Überzeugungen aus diesem Weltverständnis, um sie in seinem Werk in einen veränderten, neuen Zusammenhang zu bringen. Natürlich hat Tolkien nicht sein ganzes Werk mit zahlenmythologischer und zahlenallegorischer Bedeutung unterlegt, aber er hat vereinzelt auf dieses Stilmittel zurückgegriffen, um die Bedeutung einer Sache zu untermauern oder einfach aus Freude daran, eine für ‚Eingeweihte' weitere Betrachtungsebene zu etablieren. Die allegorische Deutung von Zahlen gehörte im Mittelalter zur Auslegung bzw. Hermeneutik der Sprache Gottes in Schöpfung, Geschichte und Schriftoffenbarung. Dergestalt setzte dies die Überzeugung voraus, dass den Zahlenverhältnissen in der vom Schöpfer geschaffenen Welt, den Daten der Heilsgeschichte und dem Gebrauch der Zahlen in der Bibel ein geheimer Sinn zu eigen sei, den allegorische bzw. hermeneutische Auslegung aufdecken könne. In ganz ähnlicher Weise verhält es sich bei Tolkien. Es sei darauf hingewiesen, dass Tolkien den Menschen als Zweitschöpfer und sein eigenes Werk dementsprechend als Zweitschöpfung verstand. In dieser Sicht lässt sich durch hermeneutische Auslegung zu manchen von Tolkien bewusst versteckten Geheimnissen vordringen. Von der Antike bis zum Mittelalter wurde der Zahl in dieser Sicht eine besondere Wertschätzung zuteil, da sie als Zeichen einer vom (Zweit-)Schöpfer gestifteten Wahrheit verstanden wurde. Gott gibt durch seinen unergründlichen Entwurf und seine Verwendung der Zahlen einen flüchtigen Einblick in die Geheimnisse der Schöpfung, die von den Menschen durch Zahlenauslegung erkannt werden kann. Wiederfinden kann man diesen Aspekt in der Architektur verschiedener Kirchenbauten, die nach einem exakten Plan gebaut wurden, der die Verwendung von heiligen Zahlen miteinschloss, in musikalischen Kompositionen von Bach, Namensgebungen etc. Und genauso verhält es sich bei Tolkien: Die verwendeten Zahlen untermauern im Sinne des sensus litteralis die Bedeutung ihrer Träger. Zwar wird keine geheime Botschaft hineingelegt, die z.B. eine völlig neue Lesart offenbart, aber ein verborgener Sinn ist zu finden, der den Personen eine tiefere Bedeutungsebene verleiht. Hinter den Zahlen bzw. hinter einigen Zahlen verstecken sich weitere Geschichten, die entdeckt werden wollen und den Lesespaß erhöhen. Somit ist evident, dass Tolkien sein Werk vereinzelt allegorisch hinterlegt hat und folglich Allegorien zu finden sind. Diese erscheinen als Verweise auf andere Geschichten und sind dergleichen ein Hinweis auf Tolkiens Umgang mit Intertextualität. Tolkiens Abneigung hinsichtlich der Allegorien muss daher mit Vorsicht oder zumindest differenziert gesehen werden und darf nicht handlungsanleitend für eine Interpretation sein.

Kommen wir zurück zum Vorwort des *Herrn der Ringe* und zu Tolkiens Abneigung bestimmter Interpretationsansätze: Im Anschluss an seine formulierte Abneigung von Allegorien gesteht Tolkien außerdem zu, dass ein Verfasser natürlich nicht völlig unbeeinflusst bleiben kann von seiner Erfahrung, an anderer Stelle jedoch macht er deutlich, dass er von biographischen Ansätzen, also Ansätzen, die in der Biographie des Autors nach möglichen Zugängen und Interpretationen zum Werk suchen, überhaupt nichts hält.

> Eine meiner stärksten Überzeugungen ist die, dass Nachforschungen über die Biographie eines Autors (oder allerlei sonstige Einblicke in die „Persönlichkeit“, wie sie die Neugierigen etwa zusammensuchen können) eine völlig vergebliche und falsche Annäherung an seine Werke darstellen – und zwar ganz besonders bei einem Werk der Erzählkunst, dessen vom Autor angestrebter Zweck es war, dass es als solches genossen, mit einem literarischen Vergnügen gelesen werden könne. (Tolkien in Carpenter 1991: 539)

Tolkien schildert in diesem Zusammenhang stehend im Vorwort des *Herrn der Ringe* am Beispiel des Kapitels „Der Schatten der Vergangenheit“, dass eine Interpretation, die diese Szene mit der Situation Englands zu Tolkiens Zeit oder dem Krieg ab 1939 vergleiche, falsch sei, da er diesen Abschnitt schon viel früher gedacht habe und zwar ohne politischen und zeitgenössischen Bezug (vgl. Tolkien 1981: 11-12). Ich muss gestehen, auch ich zähle mich zu diesen Neugierigen. Und in der Tat wird eigentlich fast immer Tolkiens Leben und sein zeitgenössisches Umfeld in eine Untersuchung wenigstens zum Teil mit einbezogen. Für einige Leserinnen und Leser mit ähnlichen Ansichten über die Art und Weise der Literaturkritik wie Tolkien mag eine solche Herangehensweise bedeutungsgleich mit dem Auflösen oder Zerbrechen der Faszination und der emotionalen Berührtheit im *Herrn der Ringe* einhergehen. Für andere Leserinnen und Leser hingegen liegt gerade in dem Bewusstsein des Verborgenen und des noch nicht Entdeckten, des noch nicht Zusammengefügten, der so lang anhaltende Reiz und die Freude an Tolkiens wundervoller Welt Mittelerde. Gerade hierin mag eine Legitimation für das Interpretieren des *Herrn der Ringe* liegen, nämlich diese verborgenen Schichten ans Licht zu bringen. Wie also, und das lässt den möglicherweise kryptisch anmutenden Titel meines Aufsatzes etwas deutlicher werden, wie geht man mit solchen Anmerkungen und Aussagen eines Autors über sein eigenes Werk um? Gibt es verbotene Interpretationsansätze, falsche Methoden, weil sie vielleicht vom Autor selbst als falsch verworfen werden? Gibt es also verbotene Pfade nach Mittelerde? Und welche Bedeutung haben die Aussagen dieser Paratexte, aus denen solche Informationen stammen?

Paratexte bezeichnen verschiedene Texte und Aspekte zu einem Werk. Man findet hier eine Zweiteilung (vgl. Moenninghoff 2002: 349-351). Zum einen kann man einen weiten Bereich von Paratexten unterscheiden, zu denen öffentliche Äußerungen schriftlicher oder mündlicher Art, nicht zur Veröffentlichung vorgesehene Notizen zum Werk, Vorstufen, Entwürfe oder Skizzen gehören, aber auch verlegerische Texte wie Prospekte, Plakate und Anzeigen.

Zum anderen gibt es einen engen Bereich von Paratexten. Zu diesen zählt man die Rahmenstücke eines Textes innerhalb des gedruckten Buches. Hierzu gehören einmal der Buchumschlag, die Papierart, das Format, Illustrationen und die Typographie als die äußere Gesamtdarstellung der publizistischen Erscheinung des Buches. Hinzu kommen die textuellen Rahmenstücke wie Autorenname,[1] Titel,

[1] Die Angabe des Autorennamens erscheint zunächst banal; man bedenke aber, dass es neben einer pseudonymen Namensgebung auch die anonyme Verschweigung des Autorennamens gibt. Die Angabe des authentischen Dichternamens ist erst seit der Neu-

Vorwort, Widmung, Motto und Anmerkungen. Diese Aspekte bezeichnet man als Kernparatexte. Paratexte können nun selbst als eine Interpretationsgrundlage dienen, indem sie jedoch nicht als reine Ziel vorgebende Info-Texte verstanden werden, sondern selbst als zu deuten und zu interpretieren angesehen werden müssen. Dergestalt müssen auch Tolkiens eigene Aussagen und Angaben zu seinen Texten an diesen Texten selbst geprüft werden.

Wenn wir von Deutungen und Interpretationen sprechen, müssen wir auch über den Begriff der „Methode" sprechen, den wir nutzen, um eben einen Text zu deuten. Gerade in den letzten Jahren hat sich bezüglich dieses Begriffes der Methode eine Skepsis breit gemacht. Er suggeriert nämlich ein Bild von einem Sortiment adäquat bereitliegender Operationsinstrumente, die aber tatsächlich so grundverschieden sind wie Strahlenmedizin, Naturheilkunde oder Hypnose. Es ist naheliegender, Methoden nicht unter dieser technizistischen Bezeichnung zu verstehen, sondern sie so zu begreifen, wie der Begriff ursprünglich verstanden wurde, nämlich („met-hodós") als einen Hinweis auf einen gangbaren Pfad, als ein Verfahren und einen möglichen Zugang (vgl. Detering/Arnold 2002: 9 ff.). Ihren Schnittpunkt und Existenzgrund haben die unterschiedlichen Methoden in ihrer Konzentration auf Texte und ihrer sprachlichen, rhetorischen, ästhetischen und poetischen Verfasstheit. Nutzt man die Methoden der Literaturwissenschaft richtig, so kann man hoffen, dass man am Ende über sie hinausgestiegen sein wird und sich ein Blick auf eine noch unentdeckte Welt auftut und man neue Pfade erspäht, die es zu erkunden und zu durchwandern gilt.

Aber eines muss ebenfalls deutlich sein: Interpretationen verfolgen mit ihren verschiedenen Methoden nicht ein und dasselbe Ziel, nämlich die eine gültige Interpretation; vielmehr steuern sie recht verschiedene Ziele an und kommen so zu einem aus ihrer Sicht überzeugenden Teilergebnis. Alle Methoden der Interpretation bzw. deren Ergebnisse, sofern sie ordentlich durchgeführt werden,

---

zeit üblich.

können einen gewissen Wahrheitsgehalt für sich beanspruchen, vor allem dann, wenn sie nicht ins Absolute tendieren, sondern sich im Gegenteil mit einem fest umrissenen Aspekt zufriedengeben. Insofern ist Tolkien nicht zuzustimmen, wenn er von einer biographischen Methode abrät oder die Fruchtbarkeit einer psychoanalytischen Herangehensweise von vornherein anzweifelt. Denn eines sollte ebenfalls offenkundig sein, dass nämlich jedes Werk mehr Inhalt und Aussage enthält als das vom Autor selbst bewusst Ausgesagte. Es ist also mehr darin enthalten als der Autor absichtlich entworfen hat. Auch er kann sich nicht über alle Einzelheiten und unbewussten Betrachtungsweisen im Klaren sein, die ihn dazu bewegt haben, dieses oder jenes zu schreiben. In den Tiefen des dichterischen Schaffens sind persönliches Erleben, Verstehen fremder Zugänge, Erweiterung und Vertiefung eigener Ideen enthalten. Es klingt banal, aber natürlich ist das poetische Wirken immer von Erfahrungen durchdrungen, durch die der Dichter hindurchgegangen ist. Das Urteil eines Autors, in diesem Falle Tolkiens, über seine Werke ist demnach nicht in jedem Fall das letzte Wort; es soll schon Autoren gegeben haben, die sich bezüglich ihrer Absichten geirrt haben.

So wird deutlich, dass die Aussage eines Autors über sein eigenes Werk genauso auf Gültigkeit geprüft werden muss wie die Ausführungen anderer Interpreten, da der Verfasser gegenüber seiner fertigen Arbeit immer auch selbst Interpret ist. In der Tat kann eine psychoanalytische Interpretation oft die wahren und unterdrückten Beweggründe und Wünsche eines Verfassers hinter seinem literarischen Text entdecken. Und das Ziel eines beispielsweise hermeneutischen Verfahrens ist es, den Autor besser zu verstehen als er sich selbst verstanden hat, indem man sein unbewusstes Schaffen versucht zu erfassen.

Zugespitzt formuliert, plädiere ich deshalb dafür, von vornherein erst einmal überhaupt keine Interpretation des *Herrn der Ringe* für absurd zu halten, sei es eine frauenfeindliche, rassistische oder nationalsozialistische Auslegung. Am besten begegnet man diesen Auslegungen, indem man sie genau studiert und analysiert und ihre Schwachstellen aufdeckt und somit ggf. ihre Falschheit beweist. Bisher haben mich diese Art von Interpretationen noch nicht überzeugt, aber das ist nicht entscheidend. Wichtig ist, dass man solchen Ansätzen offensiv begegnet und sich mit ihnen diskursiv auseinandersetzt. Es gibt zunächst keine verbotenen Pfade nach Mittelerde, es gibt höchstens Wege, die sich nach eingehender Ansicht und Analyse als falsch herausgestellt haben. Das literaturwissenschaftliche Interpretieren ist nicht einfach nur Selbstzweck, auch wenn es manches Mal diesen Anschein erweckt. Ursprünglich betrachtet, bezeichnet der „Interpret" den „Zwischensprecher", also jemanden, der zwischen Personen oder Parteien sprachlich verhandelt und vermittelt. Dergestalt ist auch das literaturwissenschaftliche Interpretieren an einen Adressaten, einen Leser oder Zuhörer gerichtet und mag deshalb von deren Erwartungshaltung mitbeeinflusst werden. Man könnte hier ansetzen und die Interpreten von Interpretationen interpretieren, d.h. eine Art metainterpretative Untersuchung durchführen. Und es wäre interessant, ob die verschiedenen Interpreten und Deuter tatsächlich nur strikt einer wissenschaftlichen Methode und ihrem „Instrumentarium" folgen oder möglicherweise andere Aspekte für die Entstehung einer Deutung zu Tage treten. Jeder literaturwissenschaftliche Interpret[2] ist, bevor er sich vermittelnd zwischen den Text und seine Leser schaltet, zunächst einmal selbst Leser. Auch das klingt banal, hat aber bei ernsthafter Durchhaltung dieser Unterscheidung, weitreichende Konsequenzen. Dergestalt fungiert der Interpret zunächst als Leser und reagiert auch als Leser auf den Text. Erst danach tritt der Interpret in Erscheinung. Mir ist bewusst, dass die Konzeption von Leser und Interpret in

[2] Die Betonung liegt hier auf „literaturwissenschaftlicher Interpret", d.h. den Regeln der literaturwissenschaftlichen Methodik folgend. Denn Interpret im weitesten Sinne ist selbstverständlich ein jeder Leser und eine jede Leserin. Neuropsychologische Untersuchungen zeigen sogar, dass das Lesen, stellvertretend für die Wahrnehmung, und das Interpretieren sich nicht voneinander losgelöst vollziehen. Wahrnehmen heißt hier Interpretieren.

Personalunion zunächst nur eine idealtypische Sichtweise sein kann. Dieser Modellierung liegt allerdings der Verdacht zugrunde, dass es für beide Aspekte, Interpretieren und Lesen, einen Bereich gibt, der für den jeweils anderen Aspekt möglicherweise nicht ohne weiteres zugänglich ist.

Der literaturwissenschaftliche Interpret versucht auf wissenschaftliche Art und Weise möglichst viel über die Dichtung auszusagen, was ein Mehr an Geheimnis und Schönheit erschließt, ohne sie zu zerstören, ja mehr noch, um mit der gewonnenen Erkenntnis zugleich die Lust und den Wert eines Sprachkunstwerkes, so wie Tolkiens Welt Mittelerde ein solches Sprachkunstwerk darstellt, vertiefen und vergrößern möchte. Ist aber das eine möglich ohne das andere zu zerstören? Ist uns denn nicht immer wieder versichert worden, dass gerade das Dichterische und Poetische sich dem Verstande und seinen deduktiven, allgemein gültigen Sätzen entziehe und jenseits aller kausaler Erklärung bleibe? Ich erinnere mich immer gerne an die Worte eines Kritikers, der sagte, er beneide jeden, der den *Herrn der Ringe* zum ersten Mal lese, weil es nie wieder so sein werde wie beim ersten Mal. Und in der Tat war es bei mir ganz ähnlich; obgleich ich doch heute mehr Wissen über Tolkiens Welt habe, das mir immer neue Freude bereitet, war die Wirkung beim erneuten und erneuten Lesen verständlicherweise nicht mehr die, wie beim ersten Lesen (vgl. Bidlo 2013: 119). Ein Dilemma, für das ich keine kurze Antwort habe. Aber als ordentlicher Wissenschaftler besitzt man manches Mal das Privileg, mehr Fragen aufwerfen zu dürfen als Antworten geben zu müssen.

Eine Frage wert bezüglich des Deutens des *Herrn der Ringe* ist der Umstand, dass im Laufe der Zeit und im Wandel des Wertekanons (vgl. Bidlo 2002) immer neue und andere Interpretationen, häufig mit aktuellem Bezug auftreten und auftraten. Man denke hier beispielsweise an die ökologische Bewegung der 1970er und 1980er Jahre, wo der *Herr der Ringe* diesbezüglich interpretiert wurde oder an die Friedensbewegung jener Zeit, die in Frodo ein Vorbild sah, der die absolute Macht in Händen hielt, dieser aber nicht verfiel.[3] Mag ein Text nun den Buchstaben nach auch eindeutig sein, so bleibt er als literarisches Werk und damit als ein Komplex von Bedeutungen doch immer bis zu einem gewissen Grad unbestimmt, jedoch folgt daraus keineswegs, dass er willkürlich ist. Gerade der *Herr der Ringe* und andere Geschichten rund um Mittelerde sind meines Erachtens besonders deshalb so erfolgreich und bewegend, da sie diese Unbestimmtheit in besonderem Maße in sich tragen und somit immer Raum für den Leser und dessen Entfaltung, seine Phantasie und seine Vorstellungen lassen. Ein Wermutstropfen sind dann eben auch die entarteten Deutungen und Interpretationen, wenn sie sich als solches herausstellen, die die Schattenseite dieser Unbestimmtheit darstellen. Besäßen Texte tatsächlich nur jene von den Interpretationen hergestellten Bedeutungen, dann bliebe für den Leser nicht mehr viel übrig. Er könnte sie nur annehmen oder verwerfen. Aber scheinbar spielt sich zwischen Text und Leser bzw. Leserin mehr als nur die Aufforderung zu einer Ja/Nein-Entscheidung ab, auch wenn sich dieses Wechselspiel nur sehr schwer wissenschaftlich beobachten lässt. Es geht hier um die Frage: Warum wandeln sich die einmal gefundenen Bedeutungen im Laufe der Zeit, wenngleich doch Buchstaben und Wörter und Sätze des Textes unverändert bleiben? Und auch der Aspekt einer aktualisierten respektive modernisierten Neuübersetzung eines Werkes wirft diese Frage auf. Möglicherweise werden Bedeutungen literarischer Texte überhaupt erst im Lesevorgang generiert und sind das Produkt einer Interaktion von Text und Leser. Das heißt, ein Werk entsteht erst durch die Interaktion von Text und Leser (vgl. Iser 1985: 139). Damit wäre Bedeutung keine ausschließlich im Text enthaltene Größe, sondern liegt zwischen dem Werk und den Rezipienten. Dies könnte die verschiedenen zeitgeistbedingten Interpretationen des *Herrn der*

[3] Wobei allerdings allein dieser Umstand schon kontrovers diskutiert wird, da Frodo zwar seine Aufgabe erfüllt hat, aber manche Kritiker darauf verweisen, dass er ja schlussendlich nicht aus freien Stücken den Ring ins Feuer warf, sondern nur mit Gollums Hilfe sich des Rings entledigen konnte. Ist Frodo daher gescheitert oder nicht?

Ringe erklären. Denn aus dem zuvor Gesagten folgt dann die These, dass literarische Texte sich je nach ihrem Rezeptionsumfeld wandeln, in dem sie aktualisiert werden. Dies wird übrigens beinahe bei jedem Theaterstück gemacht, wenn es auf die heutige Zeit und die heutigen Probleme angewandt und so aktualisiert und modernisiert wird. Und sollte es so sein, dass die Leser die Bedeutung eines Textes generieren, so ist es unausbleiblich und folgerichtig, dass diese Bedeutung in einer je individuellen Ausprägung erscheint.

Was also ein Leser oder eine Leserin aus einem Text machen, hängt dergestalt mit ihrer kulturellen Sozialisation und ihrer literarischen Bildung zusammen, denn auch die Motivation, einen Text zu lesen, wird aus diesen und anderen Quellen gespeist. Dieser Sicht widerspricht übrigens nicht der Umstand, dass literarische Texte ebenfalls einen historischen Kern besitzen. Aber wir aktualisieren den Text, in unserem Fall den *Herrn der Ringe* oder andere Geschichten Tolkiens, durch unser Lesen. Und so muss der Text einen Spielraum für solche Aktualisierungsmöglichkeiten bieten, denn er ist zu verschiedenen Zeiten von den jeweiligen Lesern immer ein wenig anders verstanden worden. Mal wurde der Schwerpunkt in den kriegerischen Auseinandersetzungen gesehen, ein anderes Mal standen die christlichen Werte als wesentliche Aussage des Werkes im Mittelpunkt, dann die Umweltzerstörung bzw. die Liebe zur Natur, die z.B. durch Baumbart oder Tom Bombadil zum Leser und zur Leserin spricht, oder die zerstörerische Macht des Ringes als Synonym für die Atombombe. Dergestalt offenbart sich in dem Aspekt der Wirkungsästhetik, also die Frage nach der Wirkung, die Kunstwerke, geschriebener oder gemalter Art bei den Rezipienten hervorrufen und wie sich diese vollzieht, eine weitere interessante Analysemöglichkeit des *Herrn der Ringe*. Denn zum einen haben die sozialen Verhältnisse Einfluss auf die Form und den Inhalt und zum anderen wirkt dergestalt die Literatur zurück auf die Gesellschaft. Es herrscht eine Wechselwirkung zwischen Literatur und Gesellschaft, zwischen Gesellschaft und Literatur.

Abschließend lassen sich die wichtigsten Punkte wie folgt zusammenfassen:

1. Die Aussagen eines Autors über sein eigenes Werk müssen ebenfalls genau geprüft werden. Sie können Anhaltspunkte liefern, dürfen aber keine strikte Linie vorgeben oder sogar zu einem Denkverbot führen. Soll heißen: Es darf zunächst keine verbotenen Pfade nach Mittelerde geben. Am konkreten Beispiel der hermeneutischen Allegorie wurde dieser Umstand hinsichtlich einer Aussage Tolkiens über sein eigenes Werk innerhalb eines Kernparatextes deutlich gemacht. Auch Tolkiens Aussagen sind an seinem eigenen Text zu prüfen. Im Augenblick der Veröffentlichung übergibt der Autor sein Werk einem Diskurs, an dem er sich selbstverständlich beteiligen kann. Aber er verliert in gewisser Hinsicht ein wenig an Exklusivität bezüglich seiner Arbeiten.

2. Die unterschiedlichen literaturwissenschaftlichen Methoden zielen nicht alle auf ein gleiches Ergebnis, sondern behandeln ganz unterschiedliche Teilaspekte des Textes und müssen als solches verstanden werden.

3. Die wandelnde Bedeutung eines Textes kann dadurch geklärt werden, dass die Bedeutung eines Textes nicht mehr im Text selbst verortet wird, sondern vielmehr in der Interaktion zwischen Leser und Text generiert wird. Dergestalt muss Literatur als ein Medium sozialer Kommunikation verstanden werden, das ein Bestandteil des gesellschaftlichen Prozesses ist. Literatur ist Teil der sozialen Welt und wirkt auf diese ein. Umgekehrt wirken selbstverständlich gesellschaftliche Prozesse auf die Literatur. Mehr noch: Gesellschaftliche Prozesse verändern Interpretationen von Texten oder aktualisieren diese zumindest. Die Kommunikation über Literatur im Allgemeinen oder spezifischen Texten im Besonderen modulieren in gewisser Hinsicht ihre Bedeutung.

Literatur

Arnold, Heinz Ludwig und Heinrich Detering (2002): „Grundzüge der Literaturwissenschaft". Eine Gebrauchsanweisung. In: Dieslb. (2002) (Hrsg.), Grundzüge der Literaturwissenschaft. DTV, München, 9-24.

Bidlo, Oliver (2002): Zeitlose Werte? Wertvorstellungen in der Fortschrittsgesellschaft. In: Sehnsucht nach Sinn. Wertvorstellungen junger Menschen im vereinten Europa. Hg. Büchergilde Gutenberg. Büchergilde Gutenberg, Frankfurt/Main, Wien und Zürich: 73-85.

Bidlo, Oliver D. (2012) Mythos Mittelerde. Über Hobbits, Helden und Geschichte in Tolkiens Welt. Oldib Verlag, Essen.

Bidlo, Oliver D. (2013) Sehnsucht nach Mittelerde? Oldib Verlag, Essen.

Carpenter, Humphrey (1991) (Hrsg.): J. R. R. Tolkien – Briefe. Klett-Cotta, Stuttgart.

Iser, Wolfgang (1985): Die Appellstruktur der Texte. In: Methoden der Interpretation. Hg. Von Carsten Schlingmann. Reclam, Stuttgart, 136-150.

Moenninghoff, Burkhard (2002). Paratexte. In: Arnold, Heinz Ludwig und Heinrich Detering (Hrsg.), Grundzüge der Literaturwissenschaft. DTV, München, 349-356.

Tolkien, J. R.R. (1974): Der kleine Hobbit. München: DTV, München.

Tolkien, J. R.R. (1981): Der Herr der Ringe. Band I. Die Gefährten. Klett-Cotta, Stuttgart.

5. Von Spuren, Zeichen und Fährten – Profiling im *Herrn der Ringe*

Der nachfolgende Aufsatz möchte über einige Aspekte des Spurenlesens in Mittelerde berichten und diese etwas genauer beschauen. Dabei soll dies nicht aus der Perspektive eines urzeitlichen Jägers geschehen – was sicherlich sehr gut möglich wäre –, sondern vielmehr aus dem Kontext eines Ermittlers, eines Profilers oder wie man heute sagt eines Fallanalytikers.[1] Dazu muss natürlich bemerkt werden, dass es sich um einen leicht augenzwinkernden Vergleich handelt, auch wenn man sehr wohl interessante Parallelen entdecken kann.

An vielen Stellen im Herrn der Ringe geht es darum Spuren zu lesen und Fährten zu finden. Aber was ist eigentlich eine Spur? Wie kann man sie lesen? Und was hat das mit dem Profiling zu tun? Diese und weitere Aspekte sollen nachfolgend näher betrachtet werden. Bevor wir mit einigen Textbeispielen aus dem *Herrn der Ringe* beginnen und prüfen, wie die einzelnen Protagonisten dort Spuren lesen, möchte ich kurz darauf eingehen, was eigentlich eine Spur ist. Im Anschluss sollen einige Parallelen zum Profiling (oder der operativen Fallanalyse, wie das Profiling in Deutschland genannt wird) gezogen werden. So ausgestattet soll dann *eine* besondere Szene im *Herrn der Ringe* durchleuchtet werden.

Spuren

Wir leben in einer Welt voller Zeichen, man kann sogar sagen, dass wir einem „Fluss der Zeichen“ (Bidlo 2011) ausgesetzt sind. In modernen Gesellschaften gibt es keine oder fast keine zeichenfreien Räume mehr. Die Welt und der Mensch bzw. seine Identität selbst

[1] Diese Perspektive entlehne ich meinem Buch „Profiling. Im Fluss der Zeichen“ (2011), das sich der hermeneutischen Analyse von Spuren sowie der Arbeit des Profilings bzw. der Operativen Fallanalyse widmet.

sind gesponnen aus unzähligen zeichenbehafteten, kommunikativen Fäden. Das gilt auch für die Welt Mittelerde, wobei – das sei nur am Rande angemerkt – es dort sehr wohl noch Räume gibt, deren Zeichen nicht mehr gedeutet werden können, weil z.B. niemand mehr da ist, um sie zu verstehen. Diese Sichtweise – dass also unsere Welt aus Zeichen gesponnen ist – ist eine kultur- und geisteswissenschaftliche Sichtweise, die den *Sinn* von Dingen mit einschließt. Warum ist dies zu betonen? Es gibt z.B. auch andere Vorstellungen, die ebenfalls das Eingelassensein in die Welt thematisieren: so die Theologie, die den Menschen eingelassen sieht in Gottes undurchschaubaren Plan, oder das Eingelassensein in eine andere Mythologie oder Kosmologie. Auch ein rein naturwissenschaftliches Bild, dass materialistisch den Menschen kausal verbunden in eine materiale Welt verankert betrachtet, wäre eine solche Sichtweise, dort allerdings fehlt die Sinndimension. Die Naturwissenschaften sind – und das ist nicht despektierlich gemeint – *sinnlos*. Denn ihr Blick auf die Welt sowie ihr Untersuchungsgegenstand besitzen – so zumindest ihre oft selbst vorgetragene Sicht – keinen Sinn, keine Bedeutung. Daher kann die Naturwissenschaft von Objektivität sprechen und muss eine Sinndimension nicht berücksichtigen.[2] Die kultur- und geisteswissenschaftliche Sichtweise nimmt nun den *Sinn* mit hinzu (worin sie sich von einer naturwissenschaftlichen Sichtweise unterscheidet) und sieht dieses Netz von Zeichen als ein Produkt menschlicher Handlungen und Kommunikation, also durch den Menschen interaktiv und intersubjektiv selbst erzeugt. Darin wiederum unterscheidet sich diese Perspektive von einer z.B. theologischen. Denn dort ist Gott oder ein höheres Wesen der Erschaffer dieser Verbindung bzw. dieses Netzes. Warum nun diese Vorbemerkungen?

---

[2] Hier kann und soll nicht weiter auf das Beobachterparadoxon im Rahmen der Quantentheorie eingegangen werden, die sehr wohl anzeigt, dass es auch in der Physik eine Beobachter abhängige Perspektive gibt. Der Philosoph und Soziologe Jürgen Habermas spricht überdies vom technischen Erkenntnisinteresse, das den Naturwissenschaften zueigen ist und jeder ihrer Hin- und Zuwendung zur Welt hinterlegt sei.

Wenn man sich als Grundnahme vor Augen führt, dass wir Eingelassen sind in eine aus Zeichen gesponnenen Welt, wird deutlich, dass jede Bewegung innerhalb der Welt Zeichen anstößt, neue Zeichen hervorbringt und etwas ausdrückt, das erkannt werden kann – wie z.B. Motive, Ziele, Gründe, die Frage nach dem Warum –, so dass man sich letztlich nicht unerkannt durch die Welt bewegen kann. Hier wird also schon angedeutet, dass – wenn man Zeichen lernt gut und richtig zu deuten –, man mehr lesen bzw. sehen kann als andere Menschen.

In der Moderne erhält die Betrachtungsweise von Repräsentation als „etwas steht für etwas anderes" (aliquid stat pro aliquod) eine neue Ausrichtung. Man nimmt nun an, dass der Wert eines Zeichens allein in seiner Beziehung zu anderen Zeichen verwurzelt ist. Und dazu kommt die Überzeugung, dass wir Wirklichkeit als einen Ausdruck symbolischer Formen zu verstehen haben. Alles Gegebene wird dadurch zu einem Interpretationskonstrukt; es gibt dergestalt keinen zeichenfreien und interpretationsunabhängigen Zugang zur Welt. Diese Sichtweise avanciert zu einer Leitidee der Moderne (vgl. Krämer 2007: 12).

Was aber ist nun eigentlich eine Spur und von welcher Spur sprechen wir eigentlich? Im Alltag zeigen sich verschiedene Verwendungen des Wortes „Spur". So fehlt mitunter eine Spur Salz bei einem Gericht. Oder mit einigen Beispielen aus dem *Herrn der Ringe*:

> „Kein Harfuß und auch keine Falbhaut hat je auch nur eine Spur von Bart gehabt" (Tolkien 1981: 21).

An einer anderen Stelle heißt es:

> „‚Nein', antwortete Frodo. ‚Es sind keine drauf. Er ist ganz glatt, und man sieht niemals einen Kratzer oder eine Spur von Abnützung'" (Tolkien 1981: 70).

> „Vielleicht war er eine Spur ärgerlich auf Tom, daß er anscheinend etwas so leicht nahm, was selbst Gandalf so gefährlich wichtig fand“ (Tolkien 1981: 168).

Die Spur ist hier etwas Kleines, eine kleine Menge, kaum Wahrnehmbares. Es meint in diesem Zusammenhang nicht oder nur kaum den Verweis auf etwas Abwesendes oder Erwartbares. Es ist noch nicht *die* Spur, der man *nachspüren* kann.

Etymologisch entstammt „Spur“ dem althochdeutschen „spor“ und meint ursprünglich den Fußabdruck. Wortgeschichtlich tritt damit das „Spüren“, also das Aufnehmen einer Fährte, in einen engeren Zusammenhang als das Legen von Spuren (vgl. Krämer 2007: 13). Das Nachspüren einer Spur oder besser einer Fährte als etwas, das aus mehreren Spuren, die zusammenhängen besteht, wird dann zur (Re-)Konstruktion der Geschichte, die zur Spurenentstehung geführt hat. Die Spuren müssen in eine sinnvolle Folge gebracht, sodass in ihnen die *richtige* Geschichte gelesen werden kann, um den weiteren Spuren richtig folgen zu können. Eine Spur ist damit – und das wird später noch deutlicher werden – in doppelter Hinsicht etwas Gemachtes. Einmal durch einen physischen Akt – aber das macht letztlich noch keine Spur. Erst das Deuten und Interpretieren eines Anderen macht daraus eine Spur. Der Begriff des Spurenlesens ist daher leicht missverständlich. Denn eigentlich gibt es nichts rechtes zu lesen, sondern der Spurenleser erzeugt erst durch seine Interpretation die Spur als solche, weil Unverbundenes erst so verbunden, also in einen Zusammenhang gestellt wird und diesem dadurch Sinn verliehen wird.

Spuren im klassischen Sinne[3] treten immer innerhalb des physisch Wahrnehmbaren auf. Spuren zeigen sich im Material, sind in diesem Sinne etwas Stoffliches. Und zwischen der Urheberschaft – also jenem, der die Spur hinterlässt – und der Spur gibt es einen klaren kausalen und auch zeitlichen Zusammenhang. Die Spur trägt den

---

[3] Auch in der digitalen Welt gibt es Spuren, die nicht mehr unmittelbar durch den hier dargestellten materiellen Aspekt der *klassischen* Spur gekennzeichnet sind.

zeitlichen Stempel der Vergangenheit, sie verweist auf etwas bereits Geschehenes, wobei das Spurenlesen darauf drängt, dieses zeitliche „Hinterherhinken" auf- und einzuholen, um sozusagen vor die Spur zu kommen und damit vor den Urheber der Spur.

Bevor wir uns eine längere Szene im *Herrn der Ringe* diesbezüglich ansehen und zur Ebene von Rohan aufbrechen, sollen neben den schon genannten Aspekten der Spur noch einige weitere genannt werden, die das Spurenlesen erleichtern.

Ein Attribut von Spuren ist, dass sie eine Ordnung stören (vgl. Krämer 2007: 16). Spuren können also nur dann auffallen, wenn im gewohnten Terrain des Unvertrauten – und das ist kein Widerspruch, ein Beispiel wären die Straßen in einer fremden Stadt – das Erwartete oder das Unvertraute auffällt. Die authentische Spur stört die herkömmliche Ordnung der Welt. Die Spur hat die Kraft sich einzuschreiben in diese Ordnung und stört sie dadurch. Spuren hinterlässt, wer fremd ist in dem Raum, in dem er sich bewegt. Spuren sind so verstanden der Einbruch des Fremden in das Wohlvertraute. Dabei ist wichtig zu vermerken, dass Spuren vom Verursacher nicht bewusst gemacht bzw. gelegt werden, denn dann wäre es eine fingierte Spur, sondern unabhängig von seinem Willen hinterlassen werden. Beispiele hierfür sind Spuren im Sand, der abgebrochene Zweig oder Fußabdrücke auf weichem Boden. Wo eine Spur bewusst gelegt wird, handelt es sich gerade nicht um eine Spur und das zu unterscheiden ist nicht immer leicht. Das nicht-intentionale, unbeabsichtigte, unkontrollierte und unwillkürliche Hinterlassen jener Gravuren und Brechungen, die dann als Spur und Fährte zu lesen sind, sind jene Spuren, denen man folgen und die man lesen kann. Gleichwohl sei daran erinnert: Etwas ist nicht Spur, sondern wird als Spur gelesen. Sprich: Es ist das gerichtete Interesse des Spurendeuters und seine selektive Wahrnehmung, die aus bloßen Dingen eine Spur machen. Wir sind beim Spurenlesen involviert. Und diese Erkenntnis ist insofern wichtig, als sie der Reflexion des Prozesses des Spurendeutens Raum geben muss, um mögliche Fehler

bei der Spurendeutung zu reduzieren. Eine Spur zu lesen heißt zunächst, die gestörte Ordnung, die durch die Spur erzeugt wurde, zu erkennen. Man muss also die Ordnung kennen, um die Unordnung erkennen zu können. Daran wird sichtbar, dass man eine gewisse Erfahrung braucht, um z.B. Spuren von Nichtspuren z.B. an einem Tatort erkennen bzw. unterscheiden zu können. Um Spuren identifizieren zu können, muss man also in einem Terrain die Unterscheidung zwischen Spur und Nichtspur treffen können.
Die Bedeutung der Spur entfaltet sich somit nur innerhalb einer Narration, innerhalb einer Erzählung und es gilt eine Erzählung zu generieren, die die Spuren sinnvoll einbindet. So gibt es beispielsweise 1000 Spuren, aber eben nur eine richtige Erzählung. Der Erzählung muss also die Ermittlung vorausgehen bzw. sie ist bereits selbst Teil der Ermittlung, wobei letztlich selbst bei einer schlüssigen Erzählung stets die Möglichkeit besteht, dass sie nicht die tatsächliche Erzählung ist.[4] Die Spur zeigt nun etwas Vergangenes und im Profiling will man versuchen, diesen Ablauf zu überspringen, d.h. dem Täter einen Schritt voraus zu sein. Es gilt die Spur zu überspringen, einen möglichen nächsten Schritt zu antizipieren.

Spuren und Profiling im *Herrn der Ringe*

Durchsucht man z.B. den ersten Band des *Herrn der Ringe* (Carroux-Übersetzung) nach dem Begriff „Spur“ oder „Spuren“, so finden sich 56 Stellen. Im zweiten Band sind es 69 Stellen und im dritten dann noch acht. Während bereits zu Beginn einige Beispiele angezeigt wurden, wo das Wort „Spur“ im Sinne von „wenig“, „eine Prise“ usw. genutzt wurde, zeigt folgendes Zitat die Möglichkeit einer Spur oder einer fingierten Spur.

[4] Hier ist nicht der Raum für die Darstellung der Hypothesengenerierung. Grob gesagt kann man sagen, dass bei Ermittlungen nach dem Unterscheidungsmuster „unmöglich – möglich – wahrscheinlich – tatsächlich“ vorgegangen wird. Letztlich geht es darum, eine wahrscheinliche oder die wahrscheinlichste Lesart zu finden, die gleichwohl nicht zwingend den tatsächlichen Ablauf darstellen muss.

„,Ich will's glauben!' sagte Pippin. ‚Das heißt, wenn die Spur so weit geht und uns nicht einfach in einen Sumpf führt und uns da sitzen läßt. Wer hat die Spur gemacht, was meinst du, und warum? Gewiß nicht uns zuliebe. Ich bin allmählich sehr mißtrauisch gegen diesen Wald und alles in ihm, und fange an, alle Geschichten über ihn zu glauben [...]'" (Tolkien 1981a: 148-149).

Dieses Beispiel spielt sehr schön mit den beiden Möglichkeiten, dass es sich entweder um eine echte Spur handelt oder vielleicht auch um eine gemachte – und damit im engen Sinne um keine echte Spur.

Wie aber nun lesen die Figuren im *Herrn der Ringe* die Spuren? Es wird sich zeigen, dass es einige Parallelen zum Profiling gibt. Tatsächlich gibt eine Stelle im zweiten Band des *Herrn der Ringe*, die besonders dafür geeignet ist, sich den Themen Spur, Spurenlesen, Deutungen bzw. Hypothesenbildung und Konstruieren von Erzählungen zu widmen. Es ist die Jagd von Aragorn, Legolas und Gimli über die Ebene von Rohan, die den Orks folgen, um die beiden entführten Hobbits Merry und Pippin zu befreien. Ich würde gerne diese Stelle, es ist vielmehr diese ganze Phase, kurz nachzeichnen. Zuvor allerdings zeigt sich bereits im vorherigen Kapitel des zweiten Bandes („Boromirs Tod") das Lesen von Spuren sehr deutlich, daher soll damit begonnen werden. Überdies startet dort die Entführung der beiden Bobbits Merry und Pippin. An den ausgewählten Stellen wird, wie ich finde, sehr schön deutlich, dass Spurenlesen auch das Erfinden von Deutungen und das Bilden von Versionen[5] bzw. Erzählungen auf Basis von Hypothesen ist. Am Rande sei bemerkt: Im *Herrn der Ringe* findet man eher eine deutsche Version des Profilings (in Deutschland wie erwähnt „Operative Fallanalyse" genannt). Warum? Ein wesentliches Merkmal ist das Arbeiten in einem Team und ein stärkerer Einbezug des Zweifels sowie der strikten hermeneutischen Ausdeutung von Spuren. Zudem ist die „Me-

[5] Die Versionsbildung war eine fundierte und erfolgreiche Methode bei den Ermittlern in der ehemaligen DDR.

thode“ bei Aragorn, Gimli und Legolas eine, wie man sagen könnte, hermeneutisch-interpretative.
Und in der Tat arbeiten das BKA und die Fallanalysten des BKA (und auch der verschiedenen LKAs) unter anderem mit der Methode der objektiven Hermeneutik. Dort geht es zwar vorzugsweise um das Interpretieren von Vertextungen (z.B. Protokolle, Anrufe, Erpresserbriefe), Fotos (z.B. Tatortfotos) oder anderen Artefakten, aber der Vorgang des Interpretierens, des Deutens, der Hypothesenbildung und daran anschließende tentative (also tastenden) Vorgehensweisen lassen sich augenscheinlich auch bei den drei Gefährten finden. Beginnen wir also nochmals die Verfolgung der Orks zusammen mit den drei Freunden, ein Mensch, ein Elb und ein Zwerg und starten zuvor mit Aragorns Lesen der Spuren rund um Frodos Auseinandersetzung mit Boromir.

> „Aragorn eilte weiter den Berg hinauf. Dann und wann bückte er sich und untersuchte den Boden. Hobbits haben einen leichten Schritt, und selbst für einen Waldläufer sind ihre Fußspuren nicht leicht zu lesen; doch nicht weit vom Gipfel kreuzte eine Quelle den Pfad, und auf der nassen Erde sah er, was er suchte. ‚Ich habe die Zeichen richtig gelesen‘, sagte er zu sich. ‚Frodo ist zum Berggipfel gelaufen. Was mag er dort wohl gesehen haben? Aber er kam auf demselben Weg zurück und ist bergab gegangen.‘“ (Tolkien 1981b: 13)

Aragorn kann die ersten Spuren aufnehmen. Aufgrund des weichen Bodens lassen sich trotz des leichten Schrittes des Hobbits die Fußabdrücke („Zeichen“) erkennen. Aragorn rekonstruiert die Laufrichtung (Berg hinauf und wieder herab). Nach dieser Sichtung eilen sie zu Boromir, den sie im Sterben finden. Nach einem kurzen Augenblick des Innehaltens besprechen sich die drei.

> „‚Die Hobbits!‘ rief Gimli. ‚Wo sind sie nun? Wo ist Frodo?‘ ‚Ich weiß es nicht‘, antwortete Aragorn müde. ‚Ehe er starb, hat Boromir gesagt, daß die Orks sie gefesselt hätten; er glaubte nicht, daß sie tot seien. Ich schickte ihn aus, Merry und Pippin zu folgen; aber ich habe ihn nicht gefragt, ob Frodo oder Sam bei ihm war; erst als es zu spät war. Alles, was ich heute getan habe, ist falsch gelaufen. Was ist jetzt zu tun?‘“ (ebd. 15)

Es werden erste Informationen zusammengetragen, die Hinweise vom sterbenden Boromir sind hier entscheidend für das weitere Vorgehen. Die Hobbits leben wohl noch und sind gefesselt. Sie durchsuchen die getöteten Orks und finden wichtige Hinweise, die für die Hypothesen- und Lesartenbildung wichtig sind. Denn auf ihnen wird sich die Entscheidung für das weitere Vorgehen gründen.

> „‚Seht!‘ rief Aragorn. ‚Hier finden wir Beweise!‘ Aus dem Haufen grausamer Waffen nahm er zwei Messer mit Blattklingen und in Gold und Rot damasziert; und als er weiter suchte, fand er auch die Scheiden, schwarz und mit kleinen roten Edelsteinen besetzt. ‚Das hier ist kein Kriegsgerät der Orks‘, sagte er. ‚Die Hobbits hatten sie getragen. Zweifellos haben die Orks sie geraubt, aber sie fürchteten sich, die Messer zu behalten, denn sie erkannten sie als das, was sie sind: Waffen von Westernis, mit Zauberkräften ausgestattet zum Verderben von Mordor. Ja, wenn unsere Freunde noch leben, sind sie jetzt waffenlos. Ich werde die Sachen an mich nehmen, denn wenngleich kaum Hoffnung besteht, hoffe ich doch immer noch, sie ihnen zurückgeben zu können.‘“ (ebd. 16)

Aragorn zieht auf der Basis der vorgefundenen Hinweise erste (wahrscheinliche) Schlüsse – z.B., dass die Hobbits waffenlos seien, da ihre Waffen auf dem „Haufen grausamer“ Waffen“ zu finden waren.[6] In der weiteren Sichtung der Situation erkennt Aragorn, dass sich unter den Gefallenen nicht nur Diener Mordors befinden. Auch diese Beobachtung ist wichtig, lassen sich darüber doch weitere Hypothesen aufstellen.

> „‚Einige stammen aus dem Norden, aus dem Nebelgebirge, wenn ich überhaupt etwas von Orks und ihren Rassen verstehe. Und hier sind andere, die mir fremd sind. Ihre Ausrüstung ist ganz und gar nicht nach der Art von Orks!' Da lagen vier Bilwiß-Krieger von größerer Gestalt, schwärzlich, schlitzäugig, mit dicken Beinen und großen Händen. Ihre Waffen waren kurze Schwerter mit breiten Klingen, nicht die bei Orks üblichen Krummsäbel; und sie hatten Elbenholzbogen, die ihrer Länge und Form nach wie die Bogen der Menschen waren. Auf ihren Schilden hatten sie ein fremdes Wappen: eine kleine weiße Hand inmitten eines schwarzen Feldes; auf der Stirnseite ihrer eisernen Helme war eine aus einem weißen Metall geschmiedete S-Rune angebracht. ‚Ich habe diese Zeichen noch nie gesehen', sagte Aragorn. ‚Was bedeuten sie wohl?' ‚S steht für Sauron', sagte Gimli. ‚Das ist leicht zu lesen.' ‚Nein', sagte Legolas. ‚Sauron gebraucht keine Elbenrunen.' ‚Und ebensowenig gebraucht er seinen richtigen Namen und erlaubt auch nicht, daß er geschrieben oder ausgesprochen wird', sagte Aragorn. ‚Und er gebraucht kein Weiß. Er stand einen Augenblick in Gedanken versunken da. ‚S bedeutet Saruman, vermute ich', sagte er schließlich" (ebd. 16).

Hier ergibt sich eine neue Unsicherheit: Die Zeichen müssen gedeutet werden („weiße Hand"), denn sie geben Hinweise auf mögliche Motive. Gimli schließt vorschnell und dieser Schluss wird von Legolas eingeschränkt. Eine neue Deutung und Vermutung wird dann durch Aragorn angeboten. Es ist ja nicht unwichtig, ob die Orks zu

[6] Auch dieser Schluss ist nur ein wahrscheinlicher und nicht zwingend ein tatsächlicher. Die Hobbits könnte – auch wenn es unwahrscheinlich ist – andere Waffen z.B. der Orks versteckt an sich genommen haben.

Sauron oder Saruman gehören. Denn davon macht man auch den prognostizierten Weg abhängig. Oder man folgert ein Bündnis von Sauron und Saruman, wenn man z.B. davon ausgeht, dass es Saurons Orks sind, die sich nach Isengart, also zu Saruman begeben. Das wiederum würde ein völlig anderes Bild ergeben, zu anderen Schlüssen führen und andere Handlungsziele hervorbringen.

> „‚Nun, wir haben jetzt keine Zeit, über Rätsel nachzugrübeln', sagte Gimli. ‚Laßt uns Boromir forttragen!' ‚Aber danach werden wir die Rätsel lösen müssen, wenn wir die richtige Entscheidung über unseren Weg treffen sollen', antwortete Aragorn.
> ‚Vielleicht gibt es keine richtige Entscheidung', sagte Gimli" (ebd. 17).

Gimli zeigt hier zum einen an, dass der Faktor Zeit eine wichtige Rolle spielt, gleichzeitig weist Aragorn darauf hin, dass man die Spuren („Rätsel") richtig deuten müssen, um die richtigen Entscheidungen zu treffen. Der anschließende Hinweis von Gimli klingt zwar in gewisser Hinsicht fatalistisch, ist aber gleichsam essentiell. Denn eine absolut richtige Entscheidung kann es aufgrund der Spurenlage nicht geben. Der einschränkende Zweifel, der hier zum Ausdruck kommt, ist im Rahmen einer Fallanalyse zwingend und notwendig. Denn nur durch eine immer wieder zu erfolgenden Rückvergewisserung, dass man es mit unsicherem Wissen und deutendem (und nicht z.B. kausalem) Schließen zu tun hat, lässt Raum dafür, dass es auch anders sein könnte.

> „Er untersuchte die grüne Wiese, rasch, aber gründlich, und bückte sich oft zur Erde. ‚Keine Orks sind hier gewesen', sagte er. ‚Sonst kann ich nichts genau feststellen. Unser aller Fußstapfen sind da und gehen hierhin und dorthin. Ich kann nicht sagen, ob irgendwelche Hobbits zurückgekommen sind, seit die Suche nach Frodo begann.' Er kehrte zum Steilufer zurück, nahe der

Stelle, wo das Rinnsal von der Quelle hinaus in den Fluß tröpfelte. ‚Hier sind ein paar deutliche Abdrücke', sagte er. ‚Ein Hobbit ist in das Wasser gewatet und wieder zurück; aber ich kann nicht sagen, wie lange es her ist.'

‚Wie erklärst du dir dann das Rätsel?' fragte Gimli. Aragorn antwortete nicht sofort, sondern ging zurück zum Lagerplatz und sah sich das Gepäck an. ‚Zwei Bündel fehlen', sagte er, ‚und eins davon ist gewiß Sams: es war ziemlich groß und schwer. Das scheint also die Lösung zu sein: Frodo ist mit dem Boot fortgefahren, und sein Diener ist mit ihm gefahren. Frodo muß zurückgekommen sein, als wir alle fort waren. Ich traf Sam, als er den Berg hinaufging, und sagte ihm, er solle mir folgen; aber offenbar hat er das nicht getan. Er erriet die Gedanken seines Herrn und kam hierher zurück, ehe Frodo fort war. Frodo fand es nicht leicht, Sam zurückzulassen!' ‚Aber warum ließ er uns zurück und ohne ein Wort?' fragte Gimli. ‚Das war eine seltsame Tat!'

‚Und eine tapfere Tat', sagte Aragorn. ‚Sam hatte recht, glaube ich. Frodo wollte nicht, daß ihn irgendeiner seiner Freunde auf der Todesfahrt nach Mordor begleite. Aber er wußte, daß er selbst gehen mußte. Irgend etwas geschah, nachdem er uns verlassen hatte, das stärker war als seine Angst und sein Zweifel.' ‚Vielleicht haben ihn Orks, die nach ihm suchten, aufgespürt, und er floh', sagte Legolas. [...] Der Nachmittag verblaßte, als sie zu der Lichtung zurückkamen, wo Boromir gefallen war. Dort nahmen sie die Spur der Orks auf. Es bedurfte keiner großen Kunst,sie zu finden" (ebd. 19-20).

Auch hier wird wieder deutlich, dass die gefundenen Spuren in eine übergeordnete Erzählung eingefügt werden müssen. Warum fehlen zwei Bündel? Warum sind die Spure so „widersprüchlich"? Sam ist also hinter Frodo her gelaufen und mit ihm gegangen. Aragorn schlussfolgert auf der Basis der Spuren die Szenerie und Motivation

von Samweis. Es bleiben Lücken in dieser Narration. Sie gehen zu dem Punkt zurück, der ihnen für die nächste Entscheidung weiterhilft. Spuren müssen dergestalt in eine Form und wie bereits erwähnt in eine Erzählung eingepasst werden. Die Hypothesen, also begründete Annahmen, tragen immer auch ein Maß an Zweifel, Unklarheit und mithin Unsicherheit in und an sich. Daher ist ein behutsames und eher bedächtiges Vorgehen zentral. Es wird mit unsicherem „Wissen" geschlossen und solche Schlüsse könnten auch falsch sein bzw. zu einer falschen Fährte führen.
Die Suche geht weiter, die Gefährten machen sich auf den Weg und stoßen auf weitere Rätsel (ebd. 23):

> „[...] Fünf tote Orks lagen da. Sie waren mit vielen grausamen Hieben niedergestreckt, und zweien war der Kopf abgeschlagen worden. Der Boden war naß von ihrem dunklen Blut. ‚Hier ist ein weiteres Rätsel', sagte Gimli. ‚Aber es bedarf des Tageslichts, und darauf können wir nicht warten.' ‚Und dennoch, wie immer du es auslegst, es scheint nicht ohne Hoffnung zu sein', sagte Legolas. ‚Feinde der Orks sind vermutlich unsere Freunde. Lebt irgend jemand in diesen Bergen?' ‚Nein', sagte Aragorn. ‚Die Rohirrim kommen selten hierher, und von Minas Tirith ist es weit. Vielleicht haben irgendwelche Menschen aus Gründen, die wir nicht kennen, hier gejagt. Indes glaube ich es nicht.' ‚Was glaubst du denn?' fragte Gimli. ‚Ich glaube, daß der Feind seinen eigenen Feind mitgebracht hat', antwortete Aragorn. ‚Diese hier sind Nördliche Orks von weither. Unter den Erschlagenen sind keine der großen Orks mit den seltsamen Zeichen. Es hat Streit gegeben, vermute ich: nichts Ungewöhnliches bei diesem abscheulichen Volk. Vielleicht gab es eine Meinungsverschiedenheit über den Weg.'
> ‚Oder über die Gefangenen', sagte Gimli. ‚Hoffen wir, daß nicht auch sie hier den Tod gefunden haben.'
> Aragorn suchte den Boden in einem großen Kreis ab, aber keine

> anderen Spuren des Kampfes waren zu sehen. Sie gingen weiter.“

Auch hier zeigen die drei Gefährten in ihrer Vorgehensweise Ansätze von Fallanalytikern. Auf Basis der Spuren werden Hypothesen erstellt. Aragorn begründet seine Vermutung (Hypothese) und sichert diese ab. Je weiter die Schlussfolgerungen von den tatsächlichen Spuren weggehen, desto unsicherer (weniger valide) werden diese Hypothesen. Sie sind innerhalb einer Narration weniger tragfähig. Dass es Streit gegeben hat, ist noch nachvollziehbar und nahe an den Spuren. Worüber es Streit gab, darüber lässt sich nachsinnen. Aragorn sieht in dem einzuschlagenden Weg ein mögliches Motiv, Gimli bietet eine alternative Hypothese an, indem er die Möglichkeit ausweist, dass es auch über die Hobbits einen Streit gegeben haben kann. Auch hier zeigt sich in Ansätzen erneut der Zweifel bzw. die Notwendigkeit, nicht nur eine Hypothese zu generieren und in die Narration einzuhegen, sondern auch Alternativaspekte einzubeziehen. Ob diese im späteren Verlauf bedeutsam werden, ist an dieser Stelle nicht zu entscheiden. Aber durch die Nennung von Alternativen bleibt im Prozess der Lesartenbildung bewusst, dass man sich nie zu sicher sein darf und nur alles auf *eine* Lesart setzt. Der Zweifel als steter Begleiter und die Bereitschaft zur Revision sind wichtige Handhaben von Fallanalytikern. Direkt im Anschluss entdeckt Aragorn weitere Spuren.

> „‚Endlich!‘ sagte Aragorn. ‚Hier sind die Spuren, die wir suchen. Diese Wasserrinne hinauf: das ist der Weg, den die Orks nach ihrer Auseinandersetzung eingeschlagen haben.‘ Rasch folgten die Jäger jetzt dem neuen Pfad“ (ebd. 24).

Sie jagen weiter der Fährte hinterher und Aragorn, der vorangeht, findet weitere wichtige Hinweise.

> „‚Bleibt!‘ rief er. ‚Folgt mir noch nicht!‘ Er rannte rasch nach

rechts, fort von der Hauptspur; denn er hatte dort Fußstapfen gesehen, die sich von den anderen entfernten, die Abdrücke kleiner, unbeschuhter Füße. Allerdings waren sie nicht weit gelangt, ehe sie von Ork-Abdrücken eingeholt wurden, die von vom und von hinten von der Hauptspur gekommen waren und gleich wieder umkehrten und sich in dem Getrampel verloren. An der entferntesten Stelle bückte sich Aragorn und hob etwas vom Gras auf; dann lief er zurück. ‚Ja', sagte er, ‚es ist ganz klar: die Fußstapfen eines Hobbits. Pippins, glaube ich. Er ist kleiner als der andere. Und schaut euch das an!' Er hielt etwas hoch, das im Sonnenschein glitzerte. Es sah aus wie ein Buchenblatt, das sich gerade geöffnet hatte, schön und fremdartig in der baumlosen Ebene.

‚Die Brosche eines Elbenmantels!' riefen Legolas und Gimli wie aus einem Munde.

‚Nicht zwecklos fallen Loriens Blätter', sagte Aragorn. ‚Dieses ging nicht zufällig verloren: es ist fortgeworfen worden als Zeichen für irgend jemanden, der folgen könnte. Ich glaube, Pippin ist zu diesem Zweck von der Spur fortgelaufen.' ‚Dann war er wenigstens am Leben', sagte Gimli. [Schlussfolgerung, O.B.]

‚Und konnte seinen Verstand gebrauchen, und seine Beine auch. Das ist ermutigend. Unsere Verfolgung ist nicht vergeblich.'

‚Hoffen wir, daß er für seine Kühnheit nicht zu teuer bezahlen mußte', sagte Legolas" (ebd. 26).

Gimlis Schlussfolgerung wird durch eine Hypothese Legolas' wieder aufgehoben, weil der Nachgang der Tat vermuten lassen kann, dass der Hobbit es mit dem Leben bezahlen musste. Das kann für die Bewertung weiterer Spuren wichtig sein. Da die drei Gefährten auch durch die Hoffnung angetrieben werden, dass sie die beiden Hobbits noch lebend erreichen und retten können, ergibt sich aus Legolas' Hypothese der nachfolgende Antrieb, über eine weitere, spätere (Chronologie) Spur einen Hinweis zu erhalten, dass beide

Hobbits doch noch leben. Das verweist zudem darauf, dass Spuren und auch die sich aus ihnen abgeleiteten Hypothesen in die rechte Chronologie der Ereignisse, in ein Früher und Später eingepflegt werden müssen.
Im Anschluss folgen zwei zentrale Passagen, die eine Reihe von fallanalytischen Aspekten beinhalten.

> „‚Eine schwierige Entscheidung liegt jetzt vor uns', sagte er. ‚Sollen wir bei Nacht ruhen oder weitergehen, solange unser Wille und unsere Kraft reichen?' ‚Sofern unsere Feinde nicht auch ruhen, werden sie uns weit zurücklassen, wenn wir hierbleiben, um zu schlafen', sagte Legolas. ‚Sicher werden doch selbst Orks auf dem Marsch eine Rast machen müssen?' fragte Gimli. ‚Selten wandern Orks in der Sonne durch offenes Land, doch diese haben es getan', sagte Legolas. ‚Gewiß werden sie des Nachts nicht ruhen.'
> ‚Aber wenn sie des Nachts laufen, können wir ihrer Spur nicht folgen', sagte Gimli. ‚Die Spur verläuft weder nach rechts noch nach links soweit meine Augen sehen können', sagte Legolas. ‚Vielleicht könnte ich euch aufs Geratewohl in der Dunkelheit führen und die Richtung einhalten', sagte Aragorn. ‚Aber wenn wir uns verirren oder sie abbiegen, dann könnte es, wenn es hell wird, lange dauern, bis wir die Spur wiederfinden.'
> ‚Und auch das ist zu bedenken', sagte Gimli, ‚nur bei Tage können wir irgendwelche Spuren sehen, die vom Wege fortführen. Sollte ein Gefangener entkommen oder einer weggeschleppt werden nach Osten, sagen wir zum Großen Strom, nach Mordor, dann könnten wir die Anzeichen übersehen und es niemals erfahren.'
> ‚Das ist wahr', sagte Aragorn. ‚Aber wenn ich die Zeichen an jener Stelle dort hinten richtig gelesen habe, dann setzten sich die Orks der Weißen Hand durch, und die ganze Gruppe ist jetzt auf dem Weg nach Isengart. Ihre bisherige Richtung bestätigt

> meine Annahme.'
> ‚Dennoch wäre es voreilig, ihrer Absichten ganz sicher zu sein', sagte Gimli. ‚Und wie ist es mit dem Entkommen? Im Dunkeln wären wir an den Zeichen vorbeigegangen, die dich zu der Brosche führten'" (ebd. 27-28).

Die Gefährten verhandeln die anstehende Entscheidung. Auf der einen Seite droht sich der Abstand zu vergrößern, wenn sie nicht auch des Nachts weiter wanden. Gimli wirft kritisch ein, dass man Spuren übersehen könne. Legolas hält dem entgegen, dass bisher alle Spuren eine klare Richtung aufweisen und er – als Weitsehender – auch weiterhin keine Richtungsänderung erkennen kann. Soll man also der Deutung der bisherigen Spuren und der daraus erfolgten Exploration der zukünftigen Richtung trauen oder wäre es nicht besser weiterhin auch einen gewissen Zweifel zu haben und die Spuren nicht als eindeutig (das sind Spuren nie) zu sehen, sondern als Wahrscheinlichkeiten? Daher ist Gimlis Einwand aus der Sicht des Profilings bzw. der operativen Fallanalyse ein wichtiger. Aragorn wägt beide Möglichkeiten ab. Er kann die Gefährten auch durch die Nacht führen, ganz sicher aber kann er nicht sein, den rechten Pfad zu finden und sich ggf. zu verirren. Gimli justiert mit seiner Sichtweise die der beiden anderen nach, indem er nochmals Zweifel anführt. Dieser, man kann fast sagen methodische Zweifel als Teil der Methode der Hypothesen- und Lesartenbildung, ist ein essentieller Bestandteil einer (hier dynamischen) Fallanalyse.

> „‚Du bist unser Führer', sagte Gimli, ‚und du bist erfahren in der Verfolgung. Du sollst entscheiden.' ‚Mein Herz heißt mich weitergehen', sagte Legolas. ‚Aber wir müssen zusammenbleiben. Ich werde mich eurer Meinung anschließen.' ‚Ihr überlaßt die Wahl einem schlechten Wähler', sagte Aragorn. ‚Seit wir durch Argonath gekommen sind, waren meine Entscheidungen falsch.' Er schwieg und schaute lange nach Norden und Westen in die

> dunkler werdende Nacht. ‚Wir werden nicht im Dunkeln gehen', sagte er schließlich. ‚Die Gefahr, die Spur oder andere Zeichen des Kommens und Gehens zu übersehen, scheint mir die größere zu sein'" (ebd. 28).

Auch wenn es nur teilweise den Anschein hat, ist es eine gemeinsame Entscheidung. Aragorn weist mit seiner Aussage, er sei ein schlechter Wähler, ein hohes Maß an Selbstreflexion aus. Er bezieht alle bisher geäußerten Argumente ein und wägt schließlich ab. Er entscheidet zwar, dennoch lässt sich diese Entscheidung als ein gemeinsamer Entschluss verstehen. Springen wir von hier aus zur Szene des Schlachtfelds der erschlagenen Orks durch die Rohirrim.

> „Eine Zeitlang krochen und tasteten die Gefährten auf dem Boden herum. [...] Plötzlich bückte er (Aragorn) sich so tief, daß sein Gesicht fast im Gras war. Dann rief er die anderen. [...] ‚Hier finden wir endlich eine Nachricht', sagte Aragorn. Er hob ein beschädigtes Blatt auf, damit sie es sehen konnten, ein großes, fahles Blatt in goldener Tönung, das jetzt verblaßte und braun wurde. ‚Hier ist ein Mallornblatt aus Lorien, und Krümelchen sind darauf, und noch ein paar Krümel im Gras. Und schaut! da [sic!] liegen einige Stücke von einem zerschnittenen Strick ganz in der Nähe!'
> ‚Und hier ist das Messer, das sie zerschnitten hat', sagte Gimli" (ebd. 103).

Die drei Gefährten suchen gemeinsam nach Spuren, Aragorn spricht hier sogar von einer „Nachricht". Die Spuren werden sogleich in eine logische Reihe gebracht. Dennoch bleibt die Szenerie uneindeutig und unklar, wie sich im Nachfolgenden zeigt, in dem Legolas die entsprechenden Fragen formuliert, die sich aus der noch lückenhaften Narration ergeben.

> „‚Na, das ist das seltsamste Rätsel, das wir je gefunden haben!‘ rief Legolas. ‚Ein gefesselter Gefangener entkommt sowohl den Orks als auch den umzingelnden Reitern. Dann hält er an, während er noch auf freier Flur ist, und zerschneidet seine Fesseln mit einem Orkmesser. Aber wie und warum? Denn wenn seine Beine gebunden waren, wie ging er dann? Und wenn seine Arme gefesselt waren, wie handhabte er dann das Messer? Und wenn weder Beine noch Arme gefesselt waren, warum hat er dann überhaupt den Strick zerschnitten? Erfreut über seine Geschicklichkeit, hat er sich dann hingesetzt und in aller Ruhe etwas Wegzehrung gegessen! Das zumindest beweist ausreichend, daß es ein Hobbit war, auch ohne Mallornblatt. Danach, nehme ich an, hat er seine Arme in Flügel verwandelt und ist singend in die Bäume geflogen. Es müßte leicht sein, ihn zu finden: wir brauchen nur ebenfalls Flügel!‘“ (Ebd.)

Die gewitzte und leicht sarkastische Bemerkung und Lesart von Legolas verweist auf die noch nicht geklärten Zusammenhänge. Gimli wiederum gibt eine eigene, andere Lesart zum besten und stellt Aragorn als Anführer die Frage nach Aufklärung dieser Unklarheiten.

> „‚Da war bestimmt Zauberei im Spiel‘, sagte Gimli. ‚Was hat dieser alte Mann hier gemacht? Was hast du, Aragorn, zu Legolas' Lesart zu sagen? Kannst du sie verbessern?‘“ (Ebd. 104)

Aragorn nimmt die bisherigen Spuren und Hinweise auf und ergänzt sie mit bisher noch nicht berücksichtigten Zeichen und kommt so zu einer genaueren Lesart, die sowohl die gewitzte Lesart von Legolas sowie die *magische* Erklärung von Gimli auf eine einsichtige Ebene hebt. Dabei pflegt er nicht nur die vor Ort vorgefundenen Spuren ein, sondern ordnet die gesamte Narration, die von Beginn an gesponnen wurde, entsprechend der Spuren und kommt so zu einer schlüssigen, die meisten Spuren sinnvoll einbeziehende Lesart.

„‚Vielleicht', sagte Aragorn lächelnd. ‚Da sind noch ein paar andere Zeichen in der Nähe, die ihr nicht berücksichtigt habt. Ich stimme euch zu, daß der Gefangene ein Hobbit war und entweder Beine oder Hände frei gehabt haben muß, ehe er hierher kam. Ich vermute, es waren die Hände, weil das Rätsel dann einfacher wird, und auch deshalb, weil er nach meiner Deutung der Spuren von einem Ork bis zu dieser Stelle getragen worden war.

[...]

Ich sage er, obwohl ich hoffe und vermute, daß Merry und Pippin hier zusammen waren. Allerdings gibt es keinen sicheren Beweis dafür.'

[...]

‚Nein, ich glaube eher, daß ich jetzt einen Punkt zu verstehen beginne, der mir von Anfang an rätselhaft war: warum haben sich die Orks, als Boromir gefallen war, damit begnügt, Merry und Pippin gefangenzunehmen? Sie haben nicht nach uns anderen gesucht und auch unser Lager nicht angegriffen; statt dessen sind sie in höchster Eile nach Isengart zu gegangen.'

[...]

‚Vielmehr glaube ich, daß ihnen befohlen wurde, Hobbits gefangenzunehmen, lebendig, um jeden Preis. Jemand unternahm den Versuch, vor der Schlacht mit den wertvollen Gefangenen davonzuschleichen. Verrat vielleicht, ziemlich wahrscheinlich bei diesen Leuten; irgendein großer und kühner Ork mag versucht haben, allein mit der Beute zu entkommen, zu eigenem Nutz und Frommen. So, das ist meine Lesart. Es mag andere geben. Aber auf eines können wir jedenfalls rechnen: zumindest einer unserer Freunde konnte fliehen'" (ebd. 104-105).

Aragorn benutzt hier selbst den Ausdruck „Lesart" und verweist darauf, dass es andere geben kann und mithin die jeweiligen Interpretationen immer ein Maß an Unsicherheit beinhalten. Kennzeichnend bei der Lesarten- und Hypothesenbildung ist gerade, dass mit unsicherem „Wissen“ gearbeitet werden muss. Allerdings fügt er die bisherigen Hypothesen sinnhaft in eine „umfassende“ Erzählung. Solche begründeten Annahmen werden zu einem Teil auch durch die jeweilige Erfahrung der Interpreten gestützt, d.h. eine Deduktion als methodisches Verfahren kann nicht bzw. nur wenig zum Einsatz kommen.

Abschluss

Beenden wir hier diese „Schnitzeljagd“ und fassen einige zentrale Aspekte zusammen. Das Nachspüren der Spuren und der Fährte der Orks folgt zum einen natürlich dem Duktus der Jagd, erschöpft sich aber nicht darin, weil die Orks keine Tiere sind, sondern mit einem, wenn auch dunklen Verstand ausgestattet sind und einem Plan folgen. Dieser ist zwar von Saruman ersonnen, liegt aber dem Handeln der Orks zugrunde. So reicht es nicht aus, nur der Spur zu folgen, sondern es müssen fortwährend Deutungen neuer Spuren und daraus resultierende Rätsel (Unklarheiten) erschaffen und Hypothesen über mögliche Beweggründe und das Ziel oder die Motive der Orks generiert werden. Die jeweiligen Hypothesen haben dabei ganz unterschiedliche Reichweiten, sind also nicht alle gleich „belastbar“. Sie drücken unterschiedliche Wahrscheinlichkeiten aus. Insgesamt zeigt sich eine deutliche Parallele zu der Arbeit eines Ermittlers oder Profilers (der ja mitunter auch etwas martialisch als Jäger/Hunter bezeichnet wird).

Die drei Gefährten arbeiten zusammen, bringen gemeinsam ihr Wissen und ihre Fähigkeiten ein und korrigieren sich dadurch gegenseitig, um die Gefahr zu minimieren, eine falsche Erzählung aus den 1000 Spuren zu spinnen und dadurch möglicherweise auf die falsche Fährte zu geraten. Legolas betätigt sich oft als *Fernglas*, indem er weit blickt und Aussagen über räumlich weit Vorausliegendes machen kann. Gimli hingegen ist oft in der wichtigen Rolle des Zweiflers und alternativen Hinweisgebers. Aragorn ist ein brillanter Spurenleser und Hypothesenbilder. Im letzten Zitat spricht Aragorn selbst von einer Lesart. Allerdings drückt sich diese Eigenschaft nicht durchgängig bei ihm aus. So lässt Tolkien ihn auch an einer Stelle von „Beweisen“ oder einer „Nachricht“ sprechen. Dort wird eine quasi-kausale Einsehbarkeit in die Spurenproduktion unterstellt, so als wäre es absolut zwingend und ein Beweis. Dort fehlt dann der Zweifel und der Raum dafür, dass es sich nur um Wahrscheinlichkeiten handelt, die erst dann in Tatsächlichkeit überführt werden könnten, wenn man Zeugen, Täter oder Opfer befragen kann und diese den Ablauf bestätigen. Und selbst dann bleibt ein Restzweifel, da auch diese Falschaussagen machen können.

Letztlich sind die drei Gefährten erst durch ihr Zusammenspiel in der Lage, die Spuren und Zeichen so in eine Erzählung zu bringen, dass sie voran und den Orks (und damit den Hobbits) näher kommen. So suchen sie z.B. an einer Stelle nach der Unordnung, die ihnen hilft, das zu verstehen, was der Fall ist. Man denke hier an die gefallene Elben-Brosche, die eine „Störung“ der Ordnung darstellt oder die zerschnittenen Seile, mit denen die Hobbits gefesselt wurden. Es klingt trivial, aber: Elbenbroschen in einer Kiste oder Auslage in Bruchtal oder zerschnittene Seile, die auf einem Berg von zerschnittenen Seilen liegen, weil sie dort gesammelt werden, wären dann keine Störung der Ordnung und mithin als Spur in der in dieser Szene verhandelten Form untauglich. Zudem wird daran auch deutlich, dass Erfahrung und „Weltwissen“ wichtige Hilfen sind. Man muss Ordnungen kennen, um Unordnungen bzw. das, was zur Unordnung führt, entdecken zu können. Aus diesem Grund ist die moderne Fallanalyse auch keine Einzelleistung, sondern besteht aus einer Zusammenarbeit von Mehreren.

Wichtig ist, sich zu vergegenwärtigen, dass es keine alleinige, zwingende kausale Logik, sondern ein Herantasten über Hypothesenbildung und Lesartenbildung ist. Das wiederum ist eine völlig andere Art des Denkens und der Herangehensweise, als man sie z.B. bei Sherlock Holmes sehen kann und auch im „klassischen“ Profiler-Bild (das aus den 1960-1970er Jahren der USA stammt) eines einsamen, genialen Denkers. Die Besonderheit (und Unmöglichkeit) bei Sherlock Holmes liegt darin, letztlich mit jeder Hypothese immer genau richtig zu liegen. Seine „Wissenschaft der Deduktion“ kann aber im normalen Ablauf des Sozialen nicht gelingen, da es – anders als in der Mathematik und der Physik – nahezu keine absolut gültigen Prämissen gibt, von denen aus man dann deduktiv sicher schließen kann. Gerade im Rahmen der Spurendeutung wird heute mit der Form von mitunter konkurrierenden Hypothesen gearbeitet. Sprich mit dem Wissen, dass es auch anders gewesen sein könnte und man immer auch die Bereitschaft haben muss, einen Schritt zurückzugehen, seine Lesart anzupassen oder zu verändern. So zeigt sich in der ausgewählten Szene etwas ganz Interessantes. Es ist eine eher moderne Form der (deutschen) operativen Fallanalyse, die davon geprägt ist, dass zum einen in Gruppen gearbeitet und analysiert wird, um Überbetonungen und Fehlinterpretationen Einzelner zu reduzieren. Zum anderen ist dort der methodischer Zweifel (Gimli) im Rahmen der methodischen Herangehensweise ein wichtiger Aspekt. Tolkien konnte davon natürlich zu seiner Zeit noch nichts wissen. Umso beachtenswerter ist es, dass er sich gerade nicht von Sherlock Holmes hat beeinflussen lassen, was zeitlich und räumlich zweifellos auf der Hand gelegen hätte. Vielmehr gesteht er allen drei Protagonisten eine tragende Rolle zu, die gleich wichtig ist. So findet sich bei Tolkien im *Herrn der Ringe* und in der vorgestellten Szene eine Synthese des klassischen Spurenlesens und der modernen Fallanalyse. Auch wenn es sich hier um einen augenzwinkernden Vergleich gehandelt hat, lässt sich sagen, dass Aragorn, Legolas und Gimli bereits einige Aspekte der modernen Fallanalytiker und Fallanalyse aufweisen.

Literatur

Bidlo, Oliver (2011): Profiling. Im Fluss der Zeichen. Oldib Verlag, Essen.

Krämer, Sybille (2007): Was also ist eine Spur? Und worin besteht ihre epistemologische Rolle? Eine Bestandsaufnahme. In: Dieslb., Grube, Gernot, Kogge, Werner (Hrsg.), Spur. Spurenlesen als Orientierungstechnik und Wissenskunst. Suhrkamp Verlag, Frankfurt/MainS. 11-33.

Tolkien, J. R.R. (1981a): Der Herr der Ringe. Band I. Die Gefährten. Klett-Cotta, Stuttgart.

Tolkien, J.R.R. (1981b): Der Herr der Ringe. Band II. Die zwei Türme. Klett-Cotta, Stuttgart.

6. Die Bedeutung von *Wissen* in der Fantasy am Beispiel des *Herrn der Ringe*

Der nachfolgende Beitrag möchte einige explorative Gedanken für den Bereich des Wissens in der Fantasy am Beispiel des *Herrn der Ringe* vorstellen. Die Bedeutung und das Hinterfragen von Wissensformationen im Rahmen einer Kultur spielen in den Geistes- und Sozialwissenschaften – unabhängig davon, ob sie explizit z.B. bei Michel Foucault[1] und der Open-Access-Bewegung oder implizit z.B. anhand gewisser Formen von Handlungs- und Körperwissen erfolgen – eine grundlegende Rolle. Wissen selbst bedingt sich nicht nur im Faktischen, sondern spiegelt sich vielmehr auch in den Relationen[2], Wechselwirkungen[3] und Figurationen[4] von Menschen und Dingen[5] wider.

Der Begriff des Wissens – zunächst vereinfachend verstanden als ein Bestand an Theorien, Handlungen oder Regeln, die als gültig anerkannt werden – spannt ein Feld auf, das von der Funktion des Wissens, seines Zugangs und seiner Stellung in einer Gesellschaft reicht und damit zugleich grundlegende formatierende Bedeutung für Deutungen und Sichtweisen von und über die Welt hat. D.h. das als gültig akzeptierte Wissen bestimmt dergestalt auch wie und was Welt ist. Wissen hängt daher auch mit Episteme, dem Erkennen der Welt und ihrer Zusammenhänge, zusammen. Während der klassisch zu nennende Ansatz hier „Wissen ist Macht“ ist und damit –

[1] Vgl. Michel Foucault, *Archäologie des Wissens,* in derselbe, Die Hauptwerke (Frankfurt/Main: Suhrkamp, 2008), S. 471-699.

[2] Vgl. z.B. Vilém Flusser, *Kommunikologie* (Frankfurt/Main, Fischer, 2007).

[3] Vgl. z.B. Georg Simmel, *Soziologie. Untersuchungen über die Formen der Vergesellschaftung* (Berlin: Duncker & Humblot, 1983).

[4] Vgl. Norbert Elias, *Über den Prozeß der Zivilisation. Wandlungen des Verhaltens in den westlichen Oberschichten des Abendlandes* (Frankfurt/Main: Suhrkamp, 2008).

[5] Man denke hier an Bruno Latours neue Anthropologie, der die Quasi-Objekte und Hybriden miteinschließt, vgl. Bruno Latour, *Wir sind nie modern gewesen - Versuch einer symmetrischen Anthropologie* (Frankfurt/Main, Suhrkamp, 2008) und auch Phillipe Descola, *Jenseits von Natur und Kultur* (Frankfurt/Main, Suhrkamp, 2011).

einem Realismus behaftet – betont, dass das Wissen über die Welt so eingesetzt werden kann, dass man Welt, Menschen, Situationen und Dinge in seinem eigenen Interesse verbinden kann, gibt es spätestens seit Foucault einen umgekehrten Ansatz. In diesem wird nicht mehr das Wissen als vorgehend verstanden, sondern die Macht (der Diskurse), die dann bestimmt, was als gültiges Wissen betrachtet wird und was nicht.
Der Beitrag möchte daran anschließend am Beispiel des *Herrn der Ringe* Konzepte von Wissen in der Fantasy aufzeigen und kulturell verorten. Dieser Aspekt hat in zweifacher Hinsicht, wie bereit erwähnt, explorativen Charakter, da nur ein ausgewähltes Werk behandelt wird. Eine Grundannahme des Beitrages ist, dass Fantasy auch wirksame Narrationen für unsere intersubjektiv geteilte Wirklichkeit bietet und dort *wirksam* ist.[6] Und damit wird die Untersuchung von Wissensformationen in der Fantasy in doppelter Hinsicht zu einer kulturwissenschaftlichen Untersuchung.

1. Wissen in der Fantasy

Warum spielt nun Wissen in der Fantasy-Literatur eine besondere Bedeutung? Wenn man sich den o.g. Hinweis auf die grundlegende Bedeutung von Wissen für die Welterschließung vergegenwärtigt, wird dies in doppelter Hinsicht deutlich. Es muss als Leser und Leserin nicht nur etwas über eine fremde, unbekannte Situation lesend erfahren werden, auch die Mechaniken, Prozesse und grundlegend als gültig erachteten Regeln der eigenen Welt finden hier mitunter gar keine Anwendung. Auch wenn die Fantasy, deren konstitutives Element ja u.a. das physikalisch nicht Erklärbare in ihren Geschichten[7] ist, auf das *Irrationale* abhebt, begegnet man in ihr selbstverständlich *Wissen* in vielfältiger Art und Weise. Auch dort gibt es z.B. Schulen (Harry Potter) oder Bücher, die als Wissensmedien dienen, aber auch als Repräsentanten von Wissensformationen. Die Rekonstruktion solcher Wissensformationen in der Fantasy sagt

[6] Diese Flanke des Themas kann und soll hier nicht weitergeführt werden.

[7] Vgl. z.B. Frank Weinreich, *Fantasy. Einführung* (Essen: Oldib, 2007).

dann auch etwas über die dort vorhandenen und durch sie entstehenden Realitätskonstruktionen und Deutungsangebote aus.
So hat Uwe Durst in seiner *Theorie der phantastischen Literatur* Wirklichkeit nachvollziehbar durch ein innerliterarisches Realitätssystem ersetzt, das zudem eigenen Regeln folgt oder folgen kann; denn natürlich liegt es nicht im Wesen der Literatur, die Wirklichkeit bloß widerzuspiegeln. Und gerade hierin, der eben nicht bloß widerspiegelnden Charakteristik von Literatur im Allgemeinen und der phantastischen Literatur im Besonderen, liegt ja das Wesentliche: Sie bietet z.B. alternative Weltentwürfe, Wissensalternativen und alternative anthropologische Perspektiven, die beispielsweise bei Tolkien bereits mit einer umfassenden Zweitschöpfung, seiner eigenen Schöpfungsgeschichte, seinem Schöpfungsmythos im *Silmarillion* beginnt. Renate Lachmann drückt diesen Aspekt wie folgt aus:

> „Phantastische Literatur ist auch an der Fabrikation von der für die Kultur relevanten Menschenbildern beteiligt".[8]

Solche alternativen Darstellungen von Welt- oder Menschenbildern, auch wenn sie zumindest als Referenzpunkt unserer intersubjektiv geteilten Wirklichkeit benötigt werden, aber eben nicht unsere intersubjektiv geteilte Wirklichkeit sind, benötigen in ihrer Binnenperspektive auch und gerade konsistente Wissensformationen. Diese beziehen sie nicht selten aus dem Fundus, d.h. aus der Historie unserer intersubjektiv geteilten Wirklichkeit, aus Mythen, Legenden und/oder historischen Erzählungen und bieten darüber unter anderem auch Anknüpfungspunkte für ein Verstehen durch die Lesenden. Sie bilden sozusagen die Vorannahmen, das Vorverständnis für den Prozess des Verstehens eines Textes; ganz im Sinne eines hermeneutischen Zirkels, der ja eher eine hermeneutische Spirale darstellt.

[8] Vgl. Renate Lachmann, *Erzählte Phantastik. Zu Phantasiegeschichte und Semantik phantastischer Texte* (Frankfurt/Main: Suhrkamp, 2002), S. 7.

Ein wiederkehrender, wenngleich nicht einziger und ausschließlicher Bestimmungsgrund für Fantasyliteratur ist der Verweis darauf, dass dort *Magisches, d.h. Magie* vorzufinden ist. Und Magisches meint hier zunächst unsere bekannten Naturgesetze Überschreitendes oder durch sie zunächst nicht zu Erklärendes.

Wenn es nun um Wissen in der Fantasy bzw. der phantastischen Literatur geht – eine rudimentäre, operationale Klärung habe ich bereits genannt – dann kann man zunächst zwei Ebenen unterscheiden. Zum einen, ob der Autor auch selbst durch seine Geschichte *Wissen* vermitteln will, er also als Adressaten von Wissen (und Intentionen) auch den Leser und die Leserin im Sinne hat. Oder ob das Wissen tendenziell eher werkimmanent verweilen, d.h. in erster Linie z.B. der Entfaltung der Geschichte oder der Gestaltung von Figuren dienen soll. Beide Ebenen lassen sich bei genauer Betrachtung nur idealtypisch trennen und fallen in der Praxis eher zusammen oder überschneiden sich. Eine hinzutretende dritte Ebene ist die Frage, wie Wissen in dieser hier ausgewählten Literatur (*Der Herr der Ringe*) dargestellt wird und inwiefern genrespezifische Gesichtspunkte zu entdecken sind.

Als Leser starten wir – und das ist natürlich eine banale Feststellung – immer mit einem Wissensdefizit: Wir kennen die Geschichte nicht, daher lesen wir sie. Im Bereich der Fantasy tritt in besonderer Weise das hervor, was zuvor als innerliterarisches Realitätssystem bezeichnet wurde: Wir kennen nicht nur nicht die Geschichte, die erzählt wird und möglicherweise die erfundenen Orte und Handlungsplätze. Mehr noch sind uns häufig die inhärenten Ordnungen, die dort herrschen unbekannt und wir müssen uns diese erst nach und nach erschließen. Aber nicht nur dieser Prozess des Erschließens (also der hermeneutische Zirkel oder die hermeneutische Spirale) ist von besonderer Relevanz, sondern ganz allgemein, die Störung der Ordnung, so wie wir sie kennen (und sei es auch nur vom Hörensagen). Fantasy stört dergestalt die uns bekannte Ordnung, die dortige Ordnung folgt ihren ganz eigenen Regeln.

Und allein aus diesem Grund muss Fantasyliteratur zumindest punktuell implizit oder explizit ihr Verhältnis zum Wissen thematisieren.

2. Wissen und Wissensformationen im *Herrn der Ringe*

Wenden wir uns nun dem gewählten Beispiel, dem *Herrn der Ringe* von J.R.R. Tolkien zu. Wenn oben davon gesprochen wurde, dass der Leser einer Geschichte im Allgemeinen und der Leser einer Fantasy-Geschichte im Besonderen als Unwissende starten, dann findet sich bei Tolkien eine diesbzgl. Entsprechung. Der Leser startet in die Geschichte über die Perspektive der Hobbits,[9] er ist unwissend wie ein Kind, genauso wie die Hobbits, die kaum etwas wissen über die Dinge außerhalb des Auenlandes.

> „Nur weil sie so wenig über ‚Tolkiens Welt' wissen, kann die Erzählung, indem sie aus der Perspektive der ausgewählten vier Hobbits erzählt, in diese Welt einführen."[10]

Und weil aus dieser Perspektive nicht ohne Weiteres in die angestammte Welt der Hobbits eingeführt werden kann, muss es der Erzähler in einem Prolog tun.

Die Hobbits selbst leben in einer Art Schutzraum, sie wissen wenig, weil sie nicht viel wissen müssen und wollen, sie wissen das, was man braucht, um im Auenland zu leben. Tatsächlich ist eine wiederkehrende Aussage im Herrn der Ringe ein durchgängig anzutreffendes „das würde ich gerne wissen", „das möchte ich wissen" oder „wenn wir das wüssten", „wir wissen es nicht und wir wollen es nicht wissen", „ich weiß nicht", „ohne es zu wissen", „ich möchte mal wissen" usw. Wer sich einmal die Mühe machen möchte, das zu überprüfen, wird solche und ähnliche Formulierungen rund um

[9] Vgl. Michael Niehaus, *Macht/Phantasie. Eine Betrachtung zu J.R.R. Tolkiens* Der Herr der Ringe (Essen: Oldib, 2014), S. 21.

[10] Niehaus, 21.

Verb und Nomen „wissen/Wissen" alle drei bis vier Seiten finden.[11] Wissen und Nichtwissen werden in der Geschichte durchgängig thematisiert. Es scheint sogar ein relevantes Thema der Erzählung mehr noch für den Aufbau der Geschichte zu sein; die Geschichte entspinnt sich, wenn man sie aus dieser Perspektive überblickt, erst aus diesen werkimmanenten Bewegungen zwischen Nichtwissen, Kontingenz des Wissens und des Wissens, was zu tun oder nicht zu tun ist. Dass der Leser im Unklaren bleiben soll, also zunächst nicht weiß, wie es weitergeht, was ja in der Regel bei aller Literatur so ist,[12] wird hier auf der werkimmanenten Ebene als Antrieb für die Figuren selbst genutzt. Wissen, Nichtwissen, Unwissenheit sind hier – und das ist sicherlich eine Besonderheit für den *Herrn der Ringe*, unabhängig von den Wissensformen, die in phantastischer Literatur genutzt werden – konstitutives Element des inneren Kerns der Erzählung. Man könnte hier einwenden, dass es sich bei der Erzählung letztlich um eine typische *Queste* handelt, um eine *Aventiure*, wie man sie auch aus der Artus-Saga kennt. Aber auch wenn einige Aspekte der Queste auf den *Herrn der Ringe* zutreffen, lässt sich die durchgängige Thematisierung von Wissen und Nichtwissen nicht allein daraus ableiten. Denn die *Frage* oder *Suche* steht in Tolkiens Erzählung nicht als ein Subthema im bzw. am Anfang des Textes. Vielmehr werden beide schon zu Beginn aufgelöst, indem der Ring als der *Eine Ring* identifiziert wird und es nun darum geht diesen zu einem bekannten Ort (Schicksalsberg) zu bringen. Damit wird die klassische Queste eher auf den Kopf gestellt, indem das Unwissen (Suche) nicht den Startpunkt und die Erklärung für selbige ist. Vielmehr entspinnt sich das Unwissen im *Herrn der Ringe* aufgrund der Vielgestaltigkeit der Welt und der historischen Tie-

[11] Interessant ist, dass die Trefferzahl mit dem Voranschreiten der Geschichte zwar etwas abnimmt, aber immer noch recht hoch bleibt.

[12] Ein anderer interessanter, hier aber nicht weiter verfolgter Aspekt, ist die Frage nach dem mehrmaligen Rezipieren von Literatur oder Filmen. Auf der einen Seite wächst das Verständnis für den Text, für die Geschichte, Details werden sichtbar, die man vorher vielleicht übersehen hat. Aber insgesamt scheint das mehrmalige Rezipieren mehr der erneuten *Affizierung* durch das Medium zu dienen.

fe. Dass so wenig gewusst wird oder mitunter einzelne Personen sehr viel wissen liegt auch in der oralen Kommunikationskultur begründet, die man im *Herrn der Ringe* findet. Im *Herrn der Ringe* zeigt sich dergestalt grundsätzlich eine Bevorzugung des gesprochenen Wortes, eine eher orale Kultur im Gegensatz zu einer Buchkultur. Gleichwohl, und das ist kein Widerspruch, spielen das Buch oder allgemein Schriftrollen eine wichtige Rolle, insofern z.B. Gandalf durch sein Studium neues bzw. vergessenes Wissen generiert.[13] Dabei ist Gandalf ständig in Bewegung, Bewegung selbst wird Teil des Prozesses der Wissensgenerierung. Die Bewegung selbst wird für den Leser explizit gemacht über geographische Karten, die die Wege, Maßstäbe und letztlich die Erzählung visualisiert nachzeichnen. Sie bieten Orientierung und damit eine gewisse Verstehensstabilisierung.

Bücher und Schriftrollen haben den Charakter einer Chronik, auf die im Übrigen selbstreferentiell oder im literaturwissenschaftlichen Duktus als *Mise en abyme* – die Spiegelung der Makrostruktur eines literarischen Textes in der Mikrostruktur innerhalb desselben – hingewiesen wird. Es handelt sich um ein altes narratives Verfahren, das später übrigens von vielen Romantikern genutzt wurde und Tolkien ja selbst als Neoromantiker bezeichnet werden kann.[14] Aber das wiederum ist ein anderes Thema. Bücher, Karten und Genealogien, die sich ebenfalls zahlreich im *Herrn der Ringe* finden, stellen eine eigens aufgestellte Ordnung dar, die a posteriori Gültigkeit und Konsistenz beanspruchen und damit zugleich einen Authentizitätsanspruch erheben. Es sind Authentizitätssignale, die Anschlussmöglichkeiten bieten.[15] Damit changiert Fantasy zwischen

[13] Eine Überschreitung des Raumes, in heutigen Worten nahezu eine digitale Kommunikationsweise, findet sich in den *Palantiri*, über die unmittelbar kommuniziert werden kann.

[14] Vgl. Oliver Bidlo, *Sehnsucht nach Mittelerde?* (Essen, Oldib, 2013) und Oliver Bidlo, Tolkien und die Romantik, in *Zwischen den Spiegeln: Neue Perspektiven auf die Phantastik*, hrsg. Von Oliver Bidlo, Julian Eilmann und Frank Weinreich (Essen: Oldib, 2011), S. 117-130.

[15] Jene Signale können auch umgekehrt in ihrer Verfremdung Abgrenzungsversuche

intersubjektiv geteilter und diskursiv hervorgebrachter Realität und Fiktionalität.

Wissen ist nicht unabhängig vom Medium, über das es dargereicht wird: Wenn man dergestalt von einer oralen Kultur der Wissensweitergabe im *Herrn der Ringe* spricht, dann schließt das nicht aus, dass es auch Manuskripte, handschriftliche Textsammlungen oder eben Bücher gibt. Aber diese sind, wie in der Vorgutenbergschen Zeit üblich, nur einer begrenzten Anzahl von Personen zugänglich oder überhaupt lesbar.

Gesprochenes und geschriebenes Wort sind nicht nur nicht identisch, sondern beinhalten ganz unterschiedliche Techniken der Erzeugung, Speicherung und Weitergabe von Wissen und konstituieren eigene Erfahrungsräume und soziale Situationen, die sich nachhaltig auf den Menschen, sein Handeln und die Welt ausgewirkt haben. „Literalität, obwohl von der bei der Niederschrift verwendeten Technologie abhängig, darf nicht durch die simple Existenz dieser Technologie definiert werden. Sie ist vielmehr ein sozialer Zustand, der nur von der Lesefähigkeit her definiert werden kann."[16] Bereits Platon hat im Phaidros-Dialog eine Medienkritik der Schrift verfasst und ihr negatives Potential angedeutet, indem sie z.B. nicht ein Mittel zur Verbesserung, sondern zur Verschlechterung des Gedächtnisses sei.

> „[...] diese Kunst wird Vergessenheit schaffen in den Seelen derer, die sie erlernen, aus Achtlosigkeit gegen das Gedächtnis, da die Leute im Vertrauen auf das Schriftstück von außen sich werden erinnern lassen durch fremde Zeichen, nicht von innen heraus durch Selbstbesinnen. Also nicht ein Mittel zur Kräftigung, sondern zur Stützung des Gedächtnisses hast du gefunden. Und von Weisheit gibst du deinen Lehrlingen einen Schein, nicht die

darstellen. So könnte z.B. ein Notationssystem für Himmelsrichtungen sieben Himmelsrichtungen beinhalten.

[16] Eric A. Havelock, *Schriftlichkeit. Das griechische Alphabet als kulturelle Revolution* (Weinheim: VCH, 1990), S. 511.

> Wahrheit: wenn sie vieles gehört haben ohne Belehrung, werden sie auch viel zu verstehen sich einbilden, da sie doch größtenteils nichts verstehen und schwer zu ertragen sind im Umgang, zu Dünkelweisen geworden und nicht zu Weisen."[17]

Mündlichkeit und das entsprechende Hören auf der Rezipientenseite sind durch das Fehlen eines externen Speichermediums geprägt. Geschichtliches Wissen reicht daher meist nur über drei bis vier Generationen zurück. Längere, umfassendere und über Generationen hinausreichende Erfahrungen werden in mythischen Erzählungen oder – komplexer – in Mythologien gefasst und oral tradiert. Oralität zielt insofern stark auf Unmittelbarkeit, so dass nur das Wissen bewahrt wird, das gebraucht wird. Wissen, das nicht gebraucht wird und keinen Zweck erfüllt – und sei es als unterhaltende Geschichte (Mythos) über die Entstehung der Welt und die Stellung des Menschen im Kosmos – wird nicht erzählt, nicht erinnert und somit vergessen. Aber auch das Erinnerte wandelt sich durch die orale Weitergabe.

Und dieser Vorgang beschleunigt sich, wenn die Gesellschaft und der Handlungsalltag sich wandeln. Da es keine Referenz, keinen Text o.ä. zum Abgleich oder zur Orientierung gibt, findet dieser Wandel nahezu unmerklich statt. Das Wissen ist unmittelbar an das Handeln, auch an die Handlung des Zeigens gebunden. Der Ort des Wissens ist dergestalt das Bewusstsein und das Handeln der Menschen. Und nur durch unmittelbare Weitergabe des Wissens von einem zum anderen bzw. die Verteilung des Wissens auf viele Köpfe einer Gruppe, Gemeinschaft oder Gesellschaft ist sichergestellt, dass das Wissen nicht verloren geht. Das Wissen ist im Besitz der Gemeinschaft, wenn auch nicht alle Gemeinschaftsmitglieder den gleichen Wissensbestand haben müssen. Vielmehr gab es in oralen Kulturen privilegierte Schichten, Gruppen oder Kasten, die aufgrund ihres Wissen eine exaltierte (Macht-)Stellung in ihrer Gemeinschaft

[17] Platon, *Sämtliche Dialoge*, sieben Bände, Band 2 *Phaidros* (Hamburg: Felix Meiner Verlag, 1998), S. 103.

hatten und ihr Wissen nur an Nachfolger weitergaben. Besonders deutlich wird dies an Gandalf und Saruman, die beide Mitglieder eines Ordens der Zauberer sind, geheimes Wissen über die Welt Mittelerde besitzen und dieses meist oral tradiert wurde. „Die Weisen von Mittelerde kannten zauberkräftige Verse, die ihnen unvergesslich eingeprägt waren; ein Handbuch hatten und brauchten sie nicht. Immerhin verschmähten auch sie die Schrift nicht, und manche von ihnen stöberten gelegentlich in den Archiven von Bruchtal und Minas Tirith.“[18]
Die Wichtigkeit von gesprochener Sprache fand übrigens auch Eingang in Freuds Psychoanalyse und er betont:

> „Worte waren ursprünglich Zauber, und das Wort hat noch heute viel von seiner alten Zauberkraft bewahrt. Durch Worte kann ein Mensch den anderen selig machen oder zur Verzweiflung treiben, durch Worte überträgt der Lehrer sein Wissen auf die Schüler, durch Worte reißt der Redner die Versammlung der Zuhörer mit sich fort und bestimmt ihre Urteile und Entscheidungen. Worte rufen Affekte hervor und sind das allgemeine Mittel zur Beeinflussung der Menschen untereinander. Wir werden also die Verwendung der Worte in der Psychotherapie nicht geringschätzen“[19]

Das zehnte Kapitel des Dritten Buches des *Herrn der Ringe* trägt überdies den Titel *Sarumans Stimme* und hebt die Macht der Stimme und des Wortes hervor: „Für viele war allein der Klang der Stimme ausreichend, sie im Banne zu halten; aber bei denjenigen, die von ihr bezwungen worden waren, hielt der Zauber an, auch wenn sie weit fort waren, und immer hörten sie diese sanfte Stimme

[18] Wolfgang Krege, *Handbuch der Weisen von Mittelerde – mit Landkarten und Tabellen von J. R. R. Tolkien* (Stuttgart: Klett-Cotta, 1999), S. 5

[19] Sigmund Freud, *Vorlesung zur Einführung in die Psychoanalyse. Und neue Folge* (Frankfurt/Main: Fischer Verlag, 2000), S. 43

flüstern und sie anspornen."[20] Das Wort besitzt magische Kraft, es wird zum Machtwort. Der kundige Mensch gewinnt durch seine Kraft und die performative Aufladung des Gesprochenen durch den Klang der Stimme, Gestik, Mimik und den gesamten Körperausdruck Macht über die Wirklichkeit. Im mythischen Denken ist zudem der Name eines Wesens oder einer Sache ununterscheidbar von dem benannten Wesen oder der benannten Sache; das Bezeichnende und das Bezeichnete fallen zusammen.[21]

Der *Herr der Ringe* versteht sich, so die Einleitung, selbst als Chronik, also als aufgeschriebene Geschichte der Ereignisse. Wie steht es um das Wissen in den dargestellten Völkern: es spielt weder bei den Hobbits, Zwergen noch bei den Menschen eine distinguierende Rolle. Eher könnte man das noch für die Elben konstatieren, bei denen Wissen und Weisheit wichtig sind.

Bei den anderen Völkern geht es in erster Linie um Praxis- und Handlungswissen, wie z.B. um das Kriegshandwerk. Ein Interesse an weiterführendem Wissen über die Welt, das keinem praktischen Erkenntnisinteresse folgt - man denke, um im Habermasschen Duktus zu bleiben, z.B. an das emanzipatorische Erkenntnisinteresse - zeigt sich wenig, auch wenn das nicht ausgeschlossen, sondern als wünschenswert erachtet wird. Ein Beispiel findet sich bei Faramir:

> „[...] und obgleich wir immer noch der Ansicht sind, daß ein Krieger mehr Fähigkeiten und Wissen besitzen sollte als nur die Fertigkeit der Waffen und des Tötens, schätzen wir einen Krieger nichtsdestotrotz höher ein als Männer anderer Berufe."[22]

Wissen ist weiterhin stark an Personen gebunden, es gibt kein weitreichendes Konzept von Wissensweitergabe und Wissensvermitt-

---

[20] J.R.R. Tolkien, *Der Herr der Ringe*. Band 3 (Stuttgart: Klett-Cotta, 1997), S. 204.

[21] Vgl. auch Oliver Bidlo, *Mythos Mittelerde. Über Hobbits, Helden und Geschichte in Tolkiens Werk* (Essen: Oldib, 2012), S. 40-41.

[22] Tolkien, Bd. 4, 101-102.

lung, auch wenn es Bibliotheken gibt; diese haben aber nicht die Funktion von Wissensweitergabe, als vielmehr der Konservierung von Erzähltem. Die Gültigkeit des Wissens liegt vor allem in der Vertrauenswürdigkeit der Person, die es trägt und weitergibt:

> „Ich ließ ihn gehen; denn ich hatte damals an vieles andere zu denken, und ich vertraute noch immer Sarumans Wissen".[23]

Oder später, ein Beispiel für das mögliche Verlorengehen von Wissen durch das Sterben einer Person:

> „‚Mithrandir ist umgekommen!' sagte Faramir. ‚Ein böses Schicksal scheint Eure Gemeinschaft verfolgt zu haben. Es ist wahrlich schwer zu glauben, daß einer mit so viel Weisheit und Macht – denn viele wundervolle Dinge hat er unter uns getan – sterben und so viel Wissen der Welt verlorengehen soll."[24]

Ein interessantes Bild, das einmal die Historizität von Wissen impliziert, aber vor allem auch die damit zusammenhängende Autorität (und damit immer auch die Gültigkeit) von Wissen, zeigt sich in folgendem Zitat:

> „Wer sollte es jetzt wissen? Der Schöpfer des Ringes. Und Saruman? Doch so groß sein Wissen sein mag, es muß eine Quelle haben. In wessen Hand außer Saurons ist dieses Ding je gewesen, ehe es verlorenging? Nur in Isildurs Hand."[25]

Es ist das Bild der *Quelle von Wissen*, das sich hier offenbart. Es ist nicht das machende, schließende, erzeugende Wissen, sondern das abschöpfende Wissen, das hier konturiert wird. Zugleich verweist die Quelle auf einen Ursprung, hinter den man nicht mehr zurück-

[23] Tolkien, Bd. 1, 78.
[24] Tolkien, Bd. 4, 90.
[25] Tolkien, Bd. 2, 48.

gehen kann. Damit besitzt die Quelle auch etwas Geheimnisvolles, es gibt kein sichtbares „Dahinter“; sie „entspringt“, aus dem „Nichts“, gleichsam einer Singularität. Wissen erhält in diesem Bild daher weniger aus seiner eigenen, inneren Konsistenz heraus seine Gültigkeit, als mehr aus seiner Stelle und Stellung in einem Überlieferungskontext. Es dient der zeitlichen Verortung und des Ausweisens von Autorität. Ein weiteres Wissens-Bild, eine Wissensfiguration findet sich im nachfolgenden Zitat von Saruman:

> „Wir können den rechten Augenblick abwarten, wir können unsere Gedanken in unseren Herzen verschließen, vielleicht das Böse, das nebenher angerichtet wird, beklagen, doch das hohe und letzte Ziel billigen: Wissen, Herrschaft, Ordnung; alle diese Dinge, die zu erreichen wir uns bisher vergeblich bemüht haben, eher gehindert als unterstützt durch unsere schwachen und untätigen Freunde. Unsere Absichten brauchen sich nicht wirklich zu ändern und würden sich auch nicht ändern, nur unsere Mittel.“[26]

Interessant ist das Zitat auch deshalb, da es, auch wenn es von Saruman stammt, ein „Wir“ enthält, das einen Common Sense ausdrückt: Wissen, Herrschaft und Ordnung. Wissen ist damit immer auch ethisch aufgeladen. Wer Wissen besitzt, verfügt über Macht, trägt aber zugleich die Verantwortung für einen entsprechenden Umgang und Einsatz dieser Macht des Wissens, nämlich in Form von Ordnung. Natürlich versteht Saruman unter Ordnung etwas anderes, als die Ordnung z.B. im Auenland, die gewachsen ist. Während Saruman die Ordnung nötigenfalls auch mit Gewalt durchsetzen würde, bleibt sie im harmonischen Auenland auf einer eher – man könnte sagen – diskursiveren Ebene.

Wissen, Herrschaft und Ordnung sind dergestalt nicht per se schlecht, sondern eine wünschenswerte Trias, wenn eine gewisse

[26] Tolkien, Bd. 2, 57.

Ethik der Fürsorge, Verantwortung und Barmherzigkeit daran gekoppelt ist. Nichtsdestotrotz ist Wissen, hier wie dort, an Herrschaft gebunden und mithin die Herrschaft an das Wissen. Dass Wissen und Herrschaft aber auch anders verstanden werden können, als die bloße Knechtschaft und Unterdrückung, sondern an das Konzept er Verantwortung gekoppelt werden können, ist eine Wissensformation, die z.B. Sauron abgeht und ihm nicht denkbar erscheint.

> „Er [Sauron] nimmt an, daß wir alle nach Minas Tirith gehen; denn das ist es, was er an unserer Stelle getan hätte. Und nach seinem Wissen wäre das ein schwerer Schlag für seine Macht gewesen. Tatsächlich fürchtet er sich sehr, weil er nicht weiß, welcher Mächtige plötzlich auftaucht, den Ring besitzt und ihn mit Krieg überzieht, um ihn niederzuwerfen und seinen Platz einzunehmen. Daß wir den Wunsch haben könnten, ihn niederzuwerfen und *niemanden* an seine Stelle zu setzen, ist ein Gedanke, der ihm gar nicht in den Sinn kommt. Daß wir versuchen könnten, den Ring selbst zu zerstören, das stellt er sich auch in seinen dunkelsten Träumen nicht vor. Worin du zweifellos unser Glück und unsere Hoffnung erkennst."[27]

Wenden wir uns an dieser Stelle nochmals der Verteilung von Wissen zu. Tolkiens Welt und die darin befindlichen Völker lassen sich nun zumindest grob *wissenshierarchisch* gliedern: So nehmen z.B. die Maiar bzw. Zauberer und die Elben einen höheren Rang ein, während Hobbits und Zwerge – die meist über großes praktisches Wissen verfügen und dieses auch tradieren – eher einen weniger hohen Rang einnehmen. Das wiederum mag auch u.a. mit der Langlebigkeit der Maiar und der Elben zusammenhängen; dann wird Wissen mit Erfahrung gekoppelt. Die Menschen selbst weisen sich durch eine gewisse Neugierde aus und können mittig angesiedelt

---

[27] Tolkien, Bd. 3, 107.

werden. Interessant ist, wenn man dieser zugegebener Maßen groben Einteilung folgt, dass aus Wissen zwar eine gewisse Macht folgt, aber gerade die unwissenden Hobbits es sind, die die Rettung der Welt erbringen. Damit wird die Unwissenheit, das nicht Absehenkönnen der Reichweite des eigenen Handelns nicht zu einem Makel, sondern zu einem Teil der Lösung. Während die ‚guten' (Wissens-)Mächtigen vor dem Ring zurückschrecken, bleibt es den eher naiven Hobbits überlassen, den Weg zur (Er-)Lösung einzuschlagen. Das wiederum verweist darauf, dass es nicht nur um Wissen allein geht. Auch die Orks sind den Hobbits, was das Wissen von der Welt angeht, nicht unähnlich. Aber sie wiederum sind nicht Teil der Lösung, sondern des Problems. Die Widerstandskraft der Hobbits gegen die bösen Einflüsse des Rings gründet nicht im Wissen, sondern in etwas Anderem. In Güte, Redlichkeit und Freundschaft. Und diese wiederum sind für Tolkien unverrückbare Zutaten, die nicht nur zum Wissen hinzutreten müssen, sondern die vielmehr höher angesiedelt werden, als das (Fakten-)Wissen. Tolkien impliziert hier eine romantische Weltsicht, die die faktische Welt und damit auch das faktische Wissen über die Welt „romantisieren" möchte und die Grenzen zwischen Wissen und Glauben aufhebt. Es sind die Phantasie und die Emotionalität, die zu einer solchen Romantisierung der Welt und des Wissens über die Welt führen.[28] Das Wissen allein bleibt nicht nur zahnlos, sondern kann sich ins Gegenteil verkehren. Es ist dann kein kreatives, erschaffendes oder bewahrendes Wissen mehr, sondern ein destruktives Wissen.

Der Eine Ring, der Macht- und Wissensquelle darstellt, wird gerade in den Händen der Mächtigen nicht zu einem befreienden, sondern zu einem versklavenden, oder, etwas weniger martialisch ausgedrückt, zu einem gefährlichen Werkzeug, wie ein Zitat Gandalfs verdeutlicht:

[28] Vgl. Bidlo, *Sehnsucht*, 101 ff.

> „Dem Feind fehlt immer noch etwas, das ihm Stärke und Wissen verleiht, um allen Widerstand zu brechen, um die letzten Verteidigungen zu zerschlagen und alle Länder wieder in eine zweite Dunkelheit zu hüllen. Ihm fehlt der Eine Ring."[29]

Man kann dergestalt an nicht wenigen Stellen im Herrn der Ringe ein implizites Plädoyer für ein gesundes Unwissen erkennen. Erklärbar und deutbar wird das vor allem dann, wenn man die Implikationen markiert, die mit Wissen und Macht einhergehen: Es ist die Verantwortung, die mit dem Wissen einhergeht; d.h., ein in gewisser Hinsicht ethisches Konzept von Wissen. Der Wissende ist angehalten, sein Wissen um die Welt und das Handeln richtig und gut einzusetzen. Wissen ist verknüpft mit Macht und Verantwortung, ein Konzept, das man mit der zunehmenden Industrialisierung und den mitunter auch negativen Folgen des technischen Fortschritts im 19. Jahrhundert beobachten kann.

Nicht nur die Wissenden besitzen immer nur ein Wissen mit einer gewissen Reichweite. So betont Tom Bombadil: „Aber verlaßt euch nicht auf meine Vermutung; denn genau weiß ich es nicht. Fern im Osten versagt mein Wissen. Tom ist nicht Meister der Reiter vom Schwarzen Land weit jenseits dieses Landes."[30]

Wissen selbst trägt, wenn es zur Anwendung kommt, eine gewisse Reichweite, die im Sinne ihrer Bedeutung (z.B. gut, schlecht, erwünscht, nicht erwünscht) sozial festgelegt wird. Hinsichtlich des einen Ringes, der große Macht mit sich bringt, aber auch das Potential zum Korrumpieren einer Person, ist die Reichweite Mittelerde umfassend. Tolkien löst das Problem der Unterstellung der Schwäche und Verlustigkeit eigener Verantwortung, indem er dem Einen Ring ein gewisses Maß an Eigenleben und auch Restleben seines ursprünglichen Besitzers und Schöpfers zuweist. Der Ring ist dergestalt gar nicht neutral und verantwortungsvoll zu nutzen, da er eine solche Nutzung per se ausschließt. Damit verleiht der Ring in erster

[29] Tolkien, Bd. 1, 70.
[30] Tolkien, Bd. 1, 182.

Linie selbst keine Macht, sondern korrumpiert die Macht, die sein Träger ohnehin besitzt; er wendet das Wissen und die damit einhergehende Macht seines Trägers, verformt sie ins Verantwortungslose und damit Böse. Aus diesem Grund kann ein relativ wissens- und machtloses Wesen wie ein Hobbit auch so lange dem Bösen widerstehen. Außer der Macht und das Wissen um die eigenen Hände – die zum Tode von Deagol durch Smeagol führen – bleiben die Hobbits weitgehend ungefährlich.

Eine weitere Wissensformation, die gleichwohl nicht der *Fantasy* zueigen ist, sondern in der menschlichen Kulturgeschichte weit verbreitet war,[31] ist die Prophezeiung[32] bzw. die Weissagung. Im *Herrn der Ringe* gibt es immer wieder explizite Stellen, in denen es um Weissagungen und Prophezeiungen geht, die zugleich auch implizit aufgrund des Nicht-Genau-Wissens eine fortwährende Rolle spielen. Werfen wir zunächst ganz kurz einen Blick auf die Begrifflichkeiten. Der Begriff der Prophezeiung wird meist synonym mit dem der Weissagung genutzt. Propheten sind *Voraussager*, Prophezeiungen sind Voraussagen über ein zukünftiges Geschehen. Dabei stammt dieses Wissen nicht, zumindest in religiösen Kontexten, aus einer Ableitung des vergangenen Wissens und des Wissens um die aktuelle Situation, die im Sinne einer erfahrungsgeleiteten Prognose oder Extrapolation kundgetan wird. Man könnte dies annehmen, wenn man die *Weissagung* als Ausspruch der Weisen versteht, die aus ihrem Erfahrungs- und Wissensschatz die Zukunft prognostizieren. Meist waren jedoch die Propheten – auch wenn dieser Aspekt im Christentum nicht selten umgekehrt wurde – selbst Weise, d.h. Priester und damit Wissende. Das Wissen einer Weissagung bzw. Prophezeiung stammt aus einer göttlichen Eingebung oder aus einer Verbindung zu einer höheren – Vergangenheit, Gegenwart und Zukunft überschauenden – Ebene. Das Wissen und die Erfahrungen um die Welt, um die Zyklen der Natur, astronomische Phänomene,

[31] Am bekanntesten ist sicherlich das Orakel von Delphi.

[32] Mein Dank geht hier an Michael Stierstorfer für den Hinweis.

Wetterkunde, aber auch soziale Aspekte des Zusammenlebens[33] usw. lassen gleichwohl, wie erwähnt, auch ein Weissagen zu, das nicht göttlichen, sondern rein menschlichen Ursprungs ist.[34] Im *Herrn der Ringe* finden wir beide Formen der Weissagung; die von einer höheren Macht stammende Prophetie, aber auch die aus dem Wissen einer wissenden Person stammende Weissagung. Mitunter fallen sogar beide Aspekte zusammen. Als Beispiel dafür lässt sich das Kapitel *Galadriels Spiegel* anführen.

> „‚Viele Dinge zu enthüllen kann ich dem Spiegel befehlen', antwortete sie, ‚und manchen kann ich zeigen, was sie zu sehen verlangen. Doch wird der Spiegel auch nicht erbetene Dinge zeigen, und diese sind oft merkwürdiger und nützlicher als jene Dinge, die zu erblicken wir uns wünschen. Was du sehen wirst, wenn du den Spiegel frei wirken läßt, kann ich nicht sagen. Denn er zeigt Dinge, die waren, und Dinge, die sind, und Dinge, die noch sein mögen, aber was er nun sieht, weiß selbst der Weiseste nicht immer. Möchtest du hineinschauen?'"[35]

Tolkien changiert hier zwischen Möglichkeit und Unmöglichkeit. Galadriel kann dem Spiegel befehlen, was er zeigen soll, der Spiegel kann aber auch selbst wirken und dann über das Wissen der Weisen hinausgehen. Aus Galadriels Wissen darum, dass der Spiegel auch allein wirken kann und dann Dinge zeigt, die sie selbst nicht beeinflusst, erwächst gleichzeitig eine Verantwortung, sorgsam mit dem Spiegel umzugehen, ihn als Angebot anzubieten. Wenn sie aller-

---

[33] Man denke hier an die Zehn Gebote, die ganz unreligiös auch von einem frühen Soziologen hätten stammen können, der so aus der Erfahrung heraus Axiome über das friedliche Miteinander einer Gemeinschaft formuliert.

[34] Um Missverständnisse zu vermeiden: Es geht hier nicht um Wahrheit oder Falschheit von Aussagen oder darum, dass man in einem Zeitalter der Aufklärung und einem areligiösen Umfeld Prophezeiungen immer nur durch den Menschen hervorgebracht versteht und sie nie göttlichen Ursprungs sind und waren. In der kulturellen *Praxis* gab es jedoch diesen Unterschied und das ist der Ausgangspunkt des hier Besprochenen.

[35] Tolkien, Bd. 2, 177.

dings eingreift, hat es den Anschein, als würde Galadriel auf eine höhere Ebene zugreifen können. An einer anderen Stelle wiederum zeigt sich, dass sie nicht weissagen kann, da es keine klaren *Zeichen* gibt.

> „Dann löste Frau Galadriel eine ihrer langen Flechten und schnitt drei goldene Haare ab und legte sie in Gimlis Hand. ‚Diese Worte sollen das Geschenk begleiten', sagte sie. ‚Ich weissage nicht, denn alles Weissagen ist jetzt vergebens: auf der einen Seite liegt Dunkelheit und auf der anderen nur Hoffnung."[36]

Dass die Weissagungen aus Galadriels Spiegel zutreffend sind, zeigt sich in späteren Szenen.

> „Und plötzlich sah er [Sam], daß er in dem Bild war, das ihm in Galadriels Spiegel in Lórien gezeigt worden war: Frodo lag fest schlafend mit bleichem Gesicht unter einer großen, dunklen Felswand."[37]

Weissagungen und Prophezeiungen sind solcherart ein Bestandteil der Welt Mittelerdes, man findet sie im Zusammenhang mit den Entfrauen[38], der Weissagung, dass der Hexenkönig durch keines Mannes Hand sterben wird (Glorfindel) oder Gandalfs Wissen um geweissagte Halblinge[39]. Ihre Funktionen im Text sind selbst vielfältig und können verkürzt werden auf bereits Gesagtes. Sie dienen auch einer Hierarchisierung des Wissens. Jene, die weissagen kön-

---

[36] Tolkien, Bd. 2, 195.

[37] Tolkien, Bd. 4, 162.

[38] So Baumbart: „Wir glauben, daß wir sie in einer kommenden Zeit vielleicht wiedertreffen und irgendwo ein Land finden, wo wir zusammenleben können und beide Seiten zufrieden sind. Aber es ist geweissagt worden, daß das erst sein wird, wenn sie und wir alles verloren haben, was wir jetzt besitzen. Und es mag wohl sein, daß diese Zeit sich endlich nähert", Tolkien, Bd. 3, 84-85.

[39] „‚Das ist er', sagte Gandalf. ‚Einer der beiden. Der andere ist bei Théoden von Rohan und kommt vielleicht später her. Halblinge sind es, wie Ihr seht, doch dieser hier ist nicht derjenige, von dem die Weissagungen sprachen.'", Tolkien, Bd. 5, 18.

nen (z.B. Galadriel), jene, die das Wissen oder Teile davon um Weissagungen haben (Gandalf, Denethor) und jene, die Teil einer Weissagung sind, aber weder um ihren dortigen Platz noch ihren Platz in einer umfassenden Geschichte wissen (Hobbits). Zugleich dienen die Weissagungen auch der Konturierung einer historischen Tiefe, und ihr Unbestimmtheitsgrad lässt Raum für Überraschungen. So stirbt der Hexenkönig schlussendlich durch die Hand einer Frau (Éowyn).

Lassen Sie mich die wichtigsten Aspekte nochmals zusammenführen.

3. Abschluss

Fantasy hat ein besonderes Verhältnis zum Wissen, da es Wissen in doppelter Hinsicht implizit thematisiert. Zum Nichtwissen des Lesers zu Beginn der Geschichte tritt die Notwendigkeit – zumindest in rudimentären Teilen – den Bruch mit der Ordnung einer intersubjektiv geteilten Wirklichkeit und vor allem die Etablierung einer eigenen möglichst konsistenten Ordnung des Wissens und der Funktionsweise der Welt erklären zu müssen.

Im *Herrn der Ringe* zeigt sich ein hohes Maß an oraler Kommunikationskultur, die nicht nur eine historische Verortung (z.B. Mittelalter) für uns als Vergleich anbietet, sondern die mit der Oralität einhergehende Bindung von Wissen, Macht und Verantwortung an Personen (und das ist nebenbei gesagt radikal antipoststrukturalistisch) unterstreicht. Erinnern und Vergessen, Wissen und Nichtwissen sind besonders in einer oralen Kommunikationskultur fortwährend thematisierte Aspekte.

Bei Tolkien zeigt sich zudem die enge Verknüpfung von Wissen und Macht. Wissen *ist* Macht, eine Sichtweise, die wir ja spätestens seit Foucault auch auf den Kopf zu stellen vermögen. Denn Macht *macht* Wissen, setzt die Gültigkeit von Wissen in Kraft, so dass der herrschende Diskurs immer der Diskurs der Herrschenden ist. Zudem zeigt sich bei ihm das klassische Bild des Wissenden und dadurch Mächtigen. Genauer betrachtet lassen sich bei Tolkien verschiedene, aus unterschiedlichen kulturellen Phasen der Menschheit stammende Wissensbilder erkennen. So zeigen sich über das Unwissen der Hobbits die Erbsünde und der Schuldaspekt des Wissens der Bibel bzw. der Schöpfungsgeschichte. Mit dem Wissen und der Erkenntnis kommen auch das Böse und das Wissen um selbiges in die Welt. Die das Kulturwesen Mensch begleitenden Prophezeiungen sind hier ebenfalls zu nennen. Weiterhin zeigt sich ein klassisches Bild der Aufklärung: Wissen als Aufklärung und das daraus resultierende ethisch richtige Handeln. Beispielhaft findet man diese Sichtweise auf Wissen bei Gandalf. Das gerade angesprochene biblische Bild des Wissens findet sich ebenso, nur von der anderen Seite kommend: Die sündhafte Gefahr, die mit Wissen einhergeht bzw. einhergehen kann. Die Sprache ist hier von dem Menschen, der sich wissend und kundig macht und damit die Büchse der Pandora öffnet und das Wissen nicht mehr unter Kontrolle bekommt. Beispiele hierfür sind Saruman und der Eine Ring selbst.

Wissen als Aufklärung und Wissen als Möglichkeit zum Korrumpieren finden sich dann zusammen in dem Bild „Wissen ist Macht", ist Herrschaft. Dieses Wissensbild kann einmal zur – politisch betrachteten – Unterdrückung führen (Sauron) oder aber, wenn man auf die Herrschaft des Volkes setzt (auch wenn es die Demokratie so im *Herrn der Ringe* nicht gibt), zur Freiheit oder vor dem Hintergrund der Platonschen Philosophenherrschaft zur Gerechtigkeit führen. Will man es nicht politisch, sondern wissenschaftlich ausdrücken, dann führt in dem klassischen Blick auf Wissenschaft, diese und ihre fortschreitende Erkenntnis zur Emanzipation des Menschen. Auch hier zeigt sich das Bild der Epoche der Aufklärung auf das Wissen. Aber umgekehrt kann mit dem Fortschreiten der Wissenschaft in alle Lebensbereiche diese selbst zur Gefahr werden. Ein Bild, das Tolkien in Anlehnung an die Romantik zeichnet und das man im *Herrn der Ringe* besonders in Isengart vorfindet.

> „Die Schächte führten über viele schräge Stollen und Wendeltreppen hinunter in tiefe Verliese; dort hatte Saruman Schätze, Warenlager, Waffenkammern, Schmieden und große Schmelzöfen. Eiserne Räder drehten sich dort ununterbrochen, und Hämmer dröhnten. Des Nachts strömten Dampfwolken aus den Schloten, auf die von unten rotes oder blaues oder giftgrünes Licht fiel."[40]

Letztlich kann man diese beiden Formen des Wissens - Gefahr und Chance - bereits in der griechischen Mythologie finden. Prometheus kann hier als Sinnbild für das Wissenwollen und den Forscherdrang stehen. Ikarus hingegen steht dann für das Scheitern des Menschen, der über seine Grenzen hinaus will.

Kehren wir an dieser Stelle zum Anfang zurück. Fantasy entlehnt, kombiniert und synthetisiert Wissensformationen aus der intersubjektiv geteilten Wirklichkeit, wirft diese aber auch wieder dorthin zurück. Und das führt nicht unwesentlich dazu, dass Fantasy dort *wirksam* ist.

Literatur

Bidlo, Oliver D., *Mythos Mittelerde: Über Hobbits, Helden und Geschichte in Tolkiens Welt*, (Essen: Oldib Verlag, 2012).

Bidlo, Oliver D., *Sehnsucht nach Mittelerde?* (Essen: Oldib Verlag, 2013).

Bidlo, Oliver, Eilmann, Julian, Weinreich, Frank, *Zwischen den Spiegeln. Neue Perspektiven auf die Phantastik*, (Essen: Oldib Verlag, 2011).

Descola, Phillipe, *Jenseits von Natur und Kultur*, (Frankfurt/Main: Suhrkamp, 2011).

Elias, Norbert (2008), *Über den Prozeß der Zivilisation. Wandlungen des Verhaltens in den westlichen Oberschichten des Abendlandes*, (Frankfurt/Main: Suhrkamp, 2008).

Flusser, Vilém, *Kommunikologie,* (Frankfurt/Main, Fischer, 2007).

Foucault, Michel, *Archäologie des Wissens*, in derselbe, Die Hauptwerke (Frankfurt/Main: Suhrkamp, 2008), S. 471-699.

Freud, Sigmund, *Vorlesung zur Einführung in die Psychoanalyse. Und neue Fol-*

[40] Tolkien, Bd. 3, 176.

ge, (Frankfurt/Main: Fischer Verlag, 2000).
Havelock, Eric A., *Schriftlichkeit. Das griechische Alphabet als kulturelle Revolution*, (Weinheim: VCH, 1990).
Krege, Wolfgang, *Handbuch der Weisen von Mittelerde – mit Landkarten und Tabellen von J. R. R. Tolkien*, (Stuttgart: Klett-Cotta, 1999).
Lachmann, Renate, *Erzählte Phantastik. Zu Phantasiegeschichte und Semantik phantastischer Texte*, (Frankfurt/Main: Suhrkamp, 2002), S. 7.
Latour, Bruno, *Wir sind nie modern gewesen – Versuch einer symmetrischen Anthropologie,* (Frankfurt/Main: Suhrkamp, 2008).
Platon, *Sämtliche Dialoge.* Sieben Bände (Hamburg: Felix Meiner Verlag, 1998).
Simmel, Georg, *Soziologie. Untersuchungen über die Formen der Vergesellschaftung*, (Berlin: Duncker & Humblot, 1983).
Tolkien, J.R.R., *Der Herr der Ringe.* Neun Bände (Stuttgart: Klett-Cotta, 1997).
Weinreich, Frank, *Fantasy. Einführung*, (Essen: Oldib Verlag, 2007).

7. Tolkien und der Jugendstil

„Der Stil einer Zeit bedeutet nicht besondere
Formen in irgendeiner besonderen Kunst;
jede Form ist nur eines der vielen Symbole des
inneren Lebens, jede Kunst hat nur teil am Stil.
Der Stil aber ist das Symbol des Gesamtempfindens,
der ganzen Lebensauffassung einer Zeit,
und zeigt sich nur im Universum aller Künste.“
Peter Behrens, Jena, 1900

Das Thema „Tolkien und der Jugendstil“ berührt zugleich die allgemeinere Frage, wie Tolkiens Verhältnis zur Kunst war. Und hier gibt es ganz verschiedene Möglichkeiten, sich dem Thema zu nähern. Man könnte zunächst Tolkiens Verständnis von Kunst und ihrer Bedeutung über seine Biographie heraus beschauen und versuchen zu verstehen, welche Bedeutung Kunst für Tolkien selbst hatte. Das ist übrigens ein sehr interessanter Ansatz, auch wenn ich diesen nicht tiefergehend, sondern nur kurz erwähnen werde. Tolkiens Biographie wird aus einem anderen Grund eine Rolle spielen. Und zwar bieten die Zeit, in der er lebte, und die in ihr kondensierten Geisteshaltungen eine Verknüpfung zu ihm und seinen Sichtweisen. Damit soll aber nicht einer ausschließlich historisch-biographischen Methode das Wort gesprochen werden, die das Werk eines Schriftstellers oder Künstlers allein aus seiner Biographie heraus erklärt. Das wiederum suggeriert eine Form von Kausalität in der Entwicklung, die den Blick für kreative Sprünge und das *Neue* (vgl. Schröer/Bidlo 2011) vernachlässigt. Die Kausalität wir aber erst durch das (z.B. biographische) Nachzeichnen der Werkentwicklung in diesen Prozess hineingelegt. Es geht also, wenn im weiteren Verlauf auf Biographisches angespielt und verwiesen wird, um ein ausgewogenes Maß von Kausalität und der Potentialität des Neuen in der Betrachtung von Tolkiens Arbeiten. Was hier kurz angedeutet wird, ist die nicht unerhebliche Frage (und das damit zusammenhängende philosophische Problem) nach Kausalität und menschlicher Freiheit, nach der Möglichkeit Zufall und Kausalität miteinander zu vereinen. Als Hintergrundfolie dienen mir hier – ohne weitere Explikation – die entsprechenden Arbeiten des amerikanischen Philosophen Charles Sanders Peirce, der sich in weiten Teilen seiner Arbeit genau mit dieser Frage nach der Verbindung von Zufall und Kausalität und der Möglichkeit für die Erschaffung von Neuem auseinandergesetzt hat. Dass das Neue und die Frage danach in dem hier behandelten Kontext nicht gänzlich unerheblich sein können, mag schon daran ersichtlich sein, dass der Jugendstil in Frankreich als *Art nouveau* bezeichnet wurde. Kehren wir aber zunächst zurück zu den Möglichkeiten, mit denen man sich dem Thema Tolkien, Kunst und Jugendstil zuwenden kann.

Man könnte z.B. nur Tolkiens eigene Bilder zum Mittelpunkt eines Aufsatzes machen und darüber referieren, von welchen Kunstströmungen sie geprägt sind oder welche Techniken sie verwenden. Dazu findet man beispielsweise einiges bei Hammond und Scull in dem Buch „J.R.R. Tolkien – Der Künstler". Schlussendlich könnte man die beschriebenen Artefakte (Architektur, Schmuck, Verzierungen an Waffen usw.) der einzelnen Völker, z.B. der Elben, Hobbits oder der Menschen (in ihren je unterschiedlichen Ausprägungen) beschauen und beschreiben, inwieweit sie dem Jugendstil entsprechen oder einem anderen Kunststil. Gewiss würde man bei manchen Artefakten (z.B. denen der Elben – man denke hier augenscheinlich an die Schwanenboote) schnell fündig werden, was den Jugendstil betrifft. Aber man würde auch andere Stilrichtungen identifizieren können. Es findet sich nicht ausschließlich *Jugendstil* in Mittelerde. Dennoch zeigen sich deutliche Ausdrücke und Anspielungen an diese Stilrichtung. Und das hat, wie ich im Weiteren zu zeigen versuchen werde, tiefergehende Gründe und nicht allein nur eine illustrative Funktion. Ich möchte nun in diesem kurzen Aufsatz – der sich mehr als Essay denn eine rein wissenschaftliche Abhandlung versteht – weder den einen noch den anderen Ansatz wählen, sondern eine eigene *Zusammenstellung* wählen, auch wenn darin die o.g. Aspekte ebenfalls kurz angesprochen werden. Ich werde sozusagen ein Potpourri von Aspekten darstellen mit einem Fokus auf die Geisteshaltung und historische Strömung, die über die bildhafte Beschreibung in Tolkiens Texten ihren Ausdruck findet. Denn wirft man den Blick allein auf die Kunst Tolkiens, indem man seine Bilder betrachtet, so erfährt man zwar einiges über sein Talent und seine Kenntnisse in diesem Feld. Was allerdings in meinen Augen zu kurz kommt, ist die Einbettung dieser Ausdrucksform für seine *einbildende* Fähigkeit, Geschichten zu erfinden, Figuren zum Leben zu erwecken, eine ganze Sekundärschöpfung zu kreieren.

Tolkien selbst begann den Entwurf einer Geschichte, Situation oder Figur ganz oft selbst mit einer Zeichnung oder Skizze, von der aus er dann weiterging. Das heißt, Malen, Illustrieren und Schreiben sind bei ihm eng miteinander verbunden. Sie stehen sich nicht einander als zwei Kunstformen gegenüber, sondern haben ein und denselben Urquell, die Sehnsucht des Schöpfens.

Seine Zeichnungen sind solcherart nicht nur Fingerübung, sondern haben in gewisser Hinsicht einen Platz in seiner Arbeitsmethode für die Erstellung der Geschichten. Tolkiens Bilder sind ein weiteres Ausdrucksmittel, eine weitere Sprache unter den vielen anderen Sprachen, die Tolkien beherrschte. Zwar war Tolkien kein professioneller Maler. Aber seine Bilder sind schon mehr als nur Spielerei. Mehr noch sind seine Bilder Teil des Kreationsprozesses, aus dem heraus Mittelerde und die anderen Geschichten, die Tolkien hervorbrachte, *entworfen* wurden. Tolkiens Werk, zu dem unlösbar auch seine Bilder gehören, sind ein Entwurf, sie sind aus seiner Phantasie in die Welt *geworfen* und wurden zu geronnenen Artefakten seiner Ideenwelt. Aber dieser Gerinnungsprozess, so viel sei an dieser Stelle gesagt ohne vom Thema abzukommen, endet nicht mit Tolkiens letztem Federstrich, sondern wird durch die Rezeptions seines Werkes immer wieder neu lebendig, erhält eine neue Ausgestaltung. Damit sind zum Beispiel die Verfilmungen des *Herrn der Ringe* und des *Hobbits* gemeint, Spiele auf Basis seiner Erzählungen, die von Flüchtigkeit geprägten Live-Rollenspiele, die auf Mittelerde rekurrieren oder die unterschiedliche Fan-Fiktion, die – unabhängig von ihrer Qualität – Tolkiens Werk immer wieder in neue Formationen bringt. Ein hervorzuhebendes Beispiel ist hier der Film *Born of Hope*. Was hat das nun mit dem Jugendstil und Tolkiens Kunst zu tun? Eine erste Andeutung habe ich bereits gegeben – die Kunst als eine weitere Arbeitsmethode –, ein weiterer Zusammenhang liegt, wie sich zeigen wird, in der Geisteshaltung der Romantik, die bei Tolkien als Bindeglied zwischen geschriebener und gemalter Kunst fungiert. Dass Tolkien ein Anhänger der Geisteshaltung der Romantik war, habe ich an anderer Stelle (vgl. Bidlo 2003/2013 und 2011) mehrfach in unterschiedlichen Kontexten dargelegt. Und in diesem Zusammenhang kann man nicht nur, sondern muss man den Jugendstil zu Tolkien stellen, der dann in Tolkiens Arbeitsweise kulminiert. Und der Jugendstil wiederum war eine Kunstströmung, die auf alle Künste Einfluss hatte, wenn auch der Schwerpunkt im Bereich der bildenden Künste lag.

Ich möchte zunächst kurz auf die Malerei als Ausdrucksform bei Tolkien eingehen, um daran anschließend den geistesgeschichtlichen Kontext in den Blick zu nehmen. Hier soll gezeigt werden, dass nicht nur die Arbeitsweise, Tolkiens geistesgeschichtliche Grundhaltung, sondern dazu auch noch biographische Aspekte hinzutreten, die aus Tolkien einen romantischen *Generator* gemacht haben, aus dem romantische Geschichten und Artefakte entworfen wurden. Damit lässt sich dieser Aufsatz „Tolkien und der Jugendstil“ als ein Kapitel eines (noch zu schreibenden) Buches verstehen, das da heißen könnte: „Tolkien und die Romantik“. In Teilen findet sich dies in meinem Band „Sehnsucht nach Mittelerde?“

(2003/2013). In Teilen – ohne die bildende Kunst – ist ein solcher Band das zwischenzeitlich erschienene Buch von Julian Eilmann „Tolkien: Romantiker und Lyriker“ (2016), das umfangreich Tolkiens romantische Dimension erarbeitet und auch die lyrische Seite in Tolkiens Werk in den Blick nimmt.

2. Tolkien und die Kunst – Malerei als Ausdrucksform

Menschen, die kreieren, etwas hervorbringen, schöpfen oder entwerfen, benötigen eine materiale Form, um ihre (aus)gedachten, geistigen Schöpfungen in ästhetische (wahrnehmbare) Artefakte übertragen zu können. Diese materiale Form kann beispielsweise der eigene Körper (z.B. Schauspiel oder Tanz), eine Leinwand (Malerei), eine Schreibgrundlage (wie Papier oder heute eher digitale Möglichkeiten) oder auch ein anderes Material sein, das als Medium genutzt wird, um das gedanklich Geschöpfte in eine darstellbare, materiale Form zu bringen (z.B. in der Bildhauerei).[1] Der Mensch will schöpfen – der deutsch-jüdische Kulturphilosoph Martin Buber sprach in diesem Zusammenhang von einem dem Menschen inhärenten Urhebertrieb (vgl. Buber 1998: 17) –, er will kreieren und entwerfen. Der Antrieb dieser Schaffenslust ist die Sehnsucht, die durch das Werk (Bilder, Texte, Skulpturen, Theaterstücke usw.) eine materielle Form erhält.

Wie bereits erwähnt, begann Tolkien den Entwurf einer Geschichte, Situation oder Figur mit einer Zeichnung oder Skizze, von der aus er dann weiter voranschritt. Carpenter weist in seiner Tolkienbiographie darauf hin, wie sich das Zeichnen und das Schreiben bei Tolkien überschnitten:

> „Während der ersten Jahre seiner Studentenzeit pflegte Tolkien das Interesse aus seiner Kindheit am Malen und Zeichnen weiter

[1] Im digitalen Zeitalter muss das ästhetische Produkt nicht mehr in rein materiale Weise vorhanden sein und zustande kommen. Digitale Filme, Musik, Fotos, Bilder oder Texte, die nur noch aus Nullen und Einsen bestehen, sind nicht mehr über ihre materiale Ebene zu fassen, sondern nur noch durch die reine Bedeutungsebene. Dennoch müssen sie wahrnehmbar sein bzw. gemacht werden z.B. durch einen Bildschirm oder einen Lautsprecher.

> und begann ein gewisses Geschick darin zu verraten, besonders in Landschaftsskizzen. Auch der Handschrift und Kalligraphie widmete er große Aufmerksamkeit, und viele Schreibstile wurden ihm geläufig. Dieses Interesse war eine Vereinigung seiner Leidenschaft für Wörter mit seinem künstlerischen Blick, doch kam auch die Vielschichtigkeit seiner Persönlichkeit darin zum Ausdruck“ (Carpenter 1979: 79).

Tolkiens Erzählungen sind geprägt von einer starken Bildhaftigkeit und Detailgenauigkeit in der Beschreibung. Nehmen wir einmal Tom Bombadil als ganz kurzes Beispiel für Tolkiens bildhafte Beschreibung:

> „Jedenfalls war er zu dick und schwer für einen Hobbit, wenn auch nicht eigentlich lang genug für einen von den Großen Leuten, obschon er Lärm genug für einen machte, wie er so in hohen gelben Stiefeln auf seinen dicken Beinen angestapft kam und durch Gras und Schilf stürmte wie eine Kuh, die zur Tränke geht. Er hatte einen blauen Mantel und einen langen braunen Bart; seine Augen waren blau und strahlend und sein Gesicht rot wie ein reifer Apfel, aber zerknittert von hundert Lachfalten. In den Händen trug er auf einem großen Blatt wie auf einem Tablett ein kleines Häufchen weißer Wasserlilien.“ (Tolkien 1997: 138)

In diesen kurzen Sätzen ist eine komplette Beschreibung von Tom Bombadil, seines Aussehens, seines Charakter bzw. Gemüts enthalten. Er wird von Gewicht und Größe in Relation zu einem Hobbit und den Menschen gesetzt und seine Kleidung wird beschrieben. Zugleich werden seine strahlenden blauen Augen und sein Gesicht mit den hundert Lachfalten hervorgehoben, die ihn als eine lebensfrohe und freundliche Person ausweist. Es ist beinahe so, als würden diese wenigen Worte Tolkiens eine Bildbeschreibung von ei-

nem Bild sein, das Tolkien vorliegen hatte und von dem aus nun der Text für die Beschreibung Tom Bombadils „entnommen“ wurde. Aber auch der durchgängige Bezug zur Natur fällt ins Auge. Er kam durch Gras und Schilf, stürmte wie eine Kuh, sein Gesicht war rot wie ein reifer Apfel, er trägt ein großes Blatt mit einem Häufchen weißer Wasserlilien darauf. Nicht umsonst wird Tom Bombadil oft als eine Art Naturgottheit in Mittelerde gesehen. Tom wird nicht nur mit starken Naturfarben beschrieben, sondern eben auch aus der Natur kommend, die Natur mit sich bringend dargestellt. Denn Tom ist – so beschreibt ihn zumindest Goldbeere – „der Meister von Wald, Wasser und Berg“ (Tolkien 1997: 144).
Die ausdrucksstarke, bildhafte Sprache und Beschreibung Tolkiens mag auch einer der Gründe sein, warum so viele Künstler und Maler sich gern von Tolkien und seinen Geschichten inspirieren lassen.[2] Das Buch „Tolkiens World. Paintings of Middle-earth“ (1994) bietet dafür einen guten Einblick und zeigt zugleich die unterschiedlichen Deutungsmöglichkeiten der Texte und ihre bildhafte Umsetzung in Stil und Form.

3. Tolkien, Romantik und der Jugendstil

Tolkien ist auf verschiedener Art und Weise mit dem Jugendstil verbunden. Wie an anderer Stelle bereits mehrfach dargelegt, war Tolkien in seiner Geisteshaltung ein Anhänger der Romantik; einer Epoche, in der Kreativität, Phantasie, Sehnsucht – und dadurch angeregt – künstlerische Schöpfung wesentliche Eckpfeiler waren. Die Kreativität entspringt nämlich der Sehnsucht nach einem unbefangenen und sich frei entfaltenden Phantasieren, das dann in eine Form – sei es literarischer, malerischer oder anderer Art – gebracht wird. Da sich der nächste Aufsatz dezidiert Tolkiens Nähe zur Romantik widmet, soll an dieser Stelle dieser Aspekt nur kurz ausgeführt werden, um Wiederholungen zu vermeiden. Die Phantasie,

[2] Nicht umsonst haben sich viele Künstler von Tolkiens Werk inspirieren lassen. Für diese spezielle Textsequenz sei auf das Bild von Roger Garland verwiesen, der die Szene in seinem Bild „Frodo und Sam treffen Tom Bombadil“.

die in ihrer kreativen Manifestation die Zweitschöpfung verwirklicht, rückt Tolkien, wie die Romantiker zuvor, in den Mittelpunkt. In Tolkiens Idee der Schöpfung und der Ausgestaltung Mittelerdes – Charaktere, Architektur, Sprache, letztlich die gesamte Gestaltung der Welt – drückt sich der romantische Prozess der Schöpfermacht, der Sprache und Sehnsucht nach der Ausgestaltung einer der Phantasie entspringenden Welt aus. Dabei zeigt sich im Zusammenhang mit Tolkien, dass es nicht nur romantische Einzelaspekte innerhalb Mittelerdes gibt, sondern dass sein Werk Ergebnis eines romantischen Schaffensprozesses und einer romantischen Grundhaltung ist. Mittelerde kann als „Ausdruck romantischer Kreativität und Sehnsucht“ (Aufsatz 8) gelesen werden. In der Tat finden sich eine Vielzahl von Versatzstücken romantischen Denkens unmittelbar in den Zeilen z.B. des *Herrn der Ringe* oder des *Silmarillion*. Und auch der mögliche Einwand, dass Tolkien doch stärker auf das Mittelalter anspielt, greift bei genauer Sicht zu kurz. Richtig ist, dass Tolkien sich in einer Vielzahl von Einzelaspekten einer mittelalterlichen Sichtweise bedient hat. Aber es ist keine authentische Sicht auf das Mittelalter, sondern eine romantisch (im Sinne der Epoche!) gefärbte Perspektive. Tolkiens Mittelalterhinwendung ist eine romantisch durchtränkte.[3] Wie aber hängen nun Romantik und Jugendstil zusammen? Das nachfolgende Schaubild soll dies vereinfacht verdeutlichen:

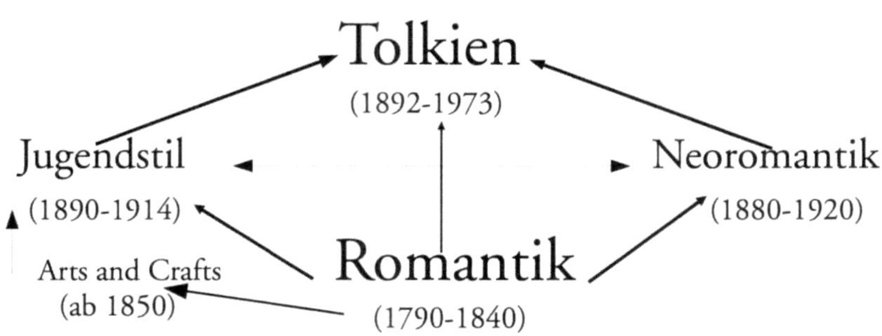

[3] Das Mittelalter spielt eine zentrale Rolle für das romantische Denken, ist es doch das Zeitalter, das von den Romantikern als Fixpunkt verstanden wurde (und eben nicht die klassische Antike).

Was aber nun ist *Jugendstil*? Der Jugendstil trägt unterschiedliche Namen. In Österreich nannte man ihn *Secessionsstil*, in Frankreich *Art Nouveau* oder in England *Modern Style*. Das wiederum verdeutlicht, dass es sich um eine grenzüberschreitende Strömung in der Kunst handelte, die sich auf alle Formen des Ausdrucks legte: Architektur, Schmuckdesign, Möbel, Lampen oder die Buchkunst.[4] Vielfalt, Neuschöpfung und die *Handarbeit* (daher auch die enge Beziehung zum Kunsthandwerk) sind Begriffe, mit denen sich der Jugendstil u.a. beschreiben lässt. Es geht um die Verknüpfung von Kunst und Lebenswelt, das Hineinwirken der Kunst in das Leben der Menschen. Damit geht auch eine gewisse Funktionalität der designten Artefakte einher. Sie sollen nicht nur dekorativ sein, sondern auch ihre Funktion erfüllen können. Das allerdings im Gewand der Vielfältigkeit. Damit sind sie zugleich ein Gegenentwurf zu einer aus der Massenherstellung stammenden Einheitsware, die sich der rein maschinellen Funktionalität anpasst und unterwirft. Eine besondere Ausdrucksform fand er auch in der Buchkunst. Autoren, Verleger und Buchbinder wendeten sich zunehmend gegen die gleichförmige Gestaltung, die durch die industrielle Verarbeitung (und der dadurch entstandenen Rücksicht auf gewisse Materialien und Formate bzgl. der besseren Verarbeitungsmöglichkeit durch die Maschinen) hervorgerufen wurden. Nun ging es wieder um eine ästhetische Gestaltung, die geprägt war durch den *neuen Stil*. „Die Hauptsache dabei war die eigentliche schöpferische Gestaltung, die die Vielfalt der Möglichkeiten im Gegensatz zur früheren geistlosen Einengung erkennen ließ. Die Details des Buches, Einband, Titelei, Vorsatzpapier, Schrift, Initiale, Illustration oder Buchschmuck, wurden nun wieder vom Künstler gestaltet" (Langer 1994: 7). Und auch wenn man den Jugendstil zeitlich und räumlich nicht eindeutig in seinem Beginn definieren kann, so kann für die Jugendstil-Buchkunst England „als Wiege der Bewegung" (Langer

[4] Ein schönes Buch, das den Jugendstil und die Buchkunst in den Blick nimmt und dabei besonders die internationale Verbreitung und Ausprägung darstellt, stammt von Alfred Langer mit dem Titel „Jugendstil und Buchkunst" (1994).

1994: 9) genannt werden. Bereits die Romantik hat, z.B. durch William Blake, Aspekte der Jugendstil-Buchkunst vorweggenommen, indem die mittelalterliche Verschmelzung von Text und Illustration aufgenommen und weiterentwickelt wurde.

Ein gesellschaftlicher Hintergrund der Entstehung des Jugendstils ist die rasante Industrialisierung. Das traditionelle Handwerk verlor seine bedeutende Stellung und musste der billigeren und massenhaften Fertigung der modernen Industrie weichen. Durch die Industrialisierung wurde die Natur zunehmend aus den Städten zurückgedrängt. Der Jugendstil und seine Naturanspielungen und -verzierungen wollten die Natur in die Stadt zurückbringen. Es bildete sich – vor allem in England, dem Ursprungsland der industriellen Revolution – eine Gegenbewegung, die das Kunsthandwerk hervorhob. Diese englische *Arts-and-Crafts Bewegung* wird als wichtigster Vorläufer des Jugendstils angesehen. Die von William Morris gegründeten Werkstätten sollten in Konkurrenz zur Industrieproduktion hochwertiges Kunsthandwerk am Leben erhalten. Sie wollte das Schöpferische und das Handwerkliche wieder in den produzierten Artefakten vereinen. Mitte des 19. Jahrhunderts konstituierte sich eine Gruppe junger Künstler, zu denen William Morris und Walter Crane als treibende Kraft zählten und die Teil der Verbindung von Buch und gestalterischer Kunst wurden. Und diese Namen spielen auch bei Tolkien eine Rolle. Tolkiens *Beeinflussung* durch den Jugendstil lässt sich dergestalt aus dem Zeitgeist in den ersten dreißig Jahren seines Lebens erklären. Im Übrigen war der Jugendstil auch durch japanische Kunst beeinflusst. Die japanische Kunst wandte sich der Natur zu und beeinflusste durch die Betonung des Gefühls, des Herzens für die Erfassung von Schönheit im Gegensatz zum Verstande den Jugendstil. „Die Suggestion japanischer Kunst auf den Jugendstil und die Kunst der Jahrhundertwende überhaupt ist genuin und hat unzählige Facetten“ (Fahr-Becker 2007: 9). Und in diesem Zusammengang möchte ich nochmals kurz Carpenter über Tolkien zitieren:

> „Die Tatsache, daß ‚Mr. Bliss' so verschwenderisch illustriert – ja, im Grunde um die Bilder herum geschrieben – war, gibt einen Hinweis darauf, wie ernst es Tolkien mit dem Geschäft des Malens und Zeichnens war. Diese Liebhaberei aus der Kindheit hatte er nie ganz aufgegeben, und in seiner Studentenzeit illustrierte er mehrere von seinen Gedichten mit Wasserfarben, farbigen Tinten oder Stiften und begann einen Stil zu entwickeln, in dem man seine Neigung zu japanischen Holzschnitten erkennt und der doch eine persönliche Art der Linienführungund Farbgebung verrät" (Carpenter 1979: 237).

In Tolkiens Jugendjahren war die englische *Arts-and-Crafts Bewegung* von William Morris und seinen Mitstreitern noch ungemein wirksam; zur gleichen Zeit wurde allmählich der Jugendstil (mit Arthur Heygate Mackmurdo und natürlich Aubrey Beardsley) tonangebend. Morris übersetzte isländische Sagen. Er veröffentlichte 1876 eine eigene Dichtung, „The House of the Wolfings", eine Prosa- und Versromanze. Tolkien sagte selbst, dass er von Morris beeindruckt war bzw. verweist an einigen Stellen seiner Briefe auf Morris, der übrigens auch Dichter bzw. Schriftsteller und Maler war genauso wie Tolkien. In einem Brief an Prof. L. W. Forster vom 31.12. 1960 beschreibt Tolkien es wie folgt:

> „*Der Herr der Ringe* wurde eigentlich, als eine Sache für sich, um 1937 angefangen und war schon bis zum Gasthaus in Bree gekommen, bevor der Schatten des zweiten Krieges fiel. [...] Die Totensümpfe und die Zugänge zum Morannon haben etwas von Nordfrankreich nach der Schlacht an der Somme. Mehr aber haben sie von William Morris und seinen Hunnen und Römern, etwa in *The House of the Wolfing* oder *The Roots of the Mountains*" (Tolkien 1991, S. 397).

Man schaue sich nach dem bisher Gesagten die folgenden Worte Tolkiens an und stelle sich die Szene bildhaft vor (natürlich kann man sich auch auf die „Vorinterpretation“ der Verfilmung gedanklich beziehen oder auf die sehr gelungene Darstellung der Szene durch Ted Nasmith):

> „In diesem Augenblick erhob sich ein Brausen und Tosen: ein Rauschen von lauten Wassern, die viele Steine mit sich reißen. Undeutlich sah Frodo, wie der Fluß unter ihm stieg und eine ganze Reiterschar von Wellen das Flußbett herunterkam. Weiße Flammen schienen auf ihren Kämmen zu flackern, und halb bildete sich Frodo ein, inmitten des Wassers weiße Reiter auf weißen Pferden mit schäumenden Mähnen zu erkennen.“ (Tolkien 1997 Band 1, S. 258)

Das Bild, das man – sozusagen als Folie – für diese Szene ausgebildet hat, zeigt sicherlich deutlich die zu Pferden sich ausbildenden Wellen. Aber diese Beschreibung, die Tolkien hier gewählt hat, ist selbst ein Verweis, eine Beschreibung eines Bildes, das nicht von ihm, sondern von Walter Crane (1845-1915) stammt und den Titel „Die Rosse des Neptun“ trägt. Er gilt – wie erwähnt – als einer der Mitbegründer der *Arts-and-Crafts Bewegung* und war ihr erster Präsident. Tolkien unterlegt sozusagen seine eigene bildhafte Beschreibung mit einem „geheimen“ Verweis auf die Quelle seines Sprachbildes. Das wiederum ist eine „Technik“, die Tolkien in anderen Zusammenhängen häufiger gewählt hat.[5] Und auch diese Jugendstilschwäne von Crane könnte man problemlos, und ohne dass es auffiele, in Mittelerde verorten.

4. Conclusio

Tolkien hat in Bildern geschrieben und er hat in Bildern gemalt. Beide Kunstformen – das Malen und das Schreiben – boten ihm die Möglichkeit seinen schöpferischen Trieb umzusetzen, in Wirklichkeit zu *übersetzen*. Man kann den Jugendstil in Tolkiens eigner Kunst erkennen, man findet ihn in seiner Beschreibung von z.B. elbischem Schmuck (z.B. Barahirs Ring) oder augenscheinlich in den Schwanenbooten der Elben. Darüber hinaus lässt sich ein biogra-

[5] Tolkien etablierte des Öfteren Tiefenebenen in seine Texte und Geschichten, die auf weitere Geschichten verweisen sollten. Vgl. hierzu Bidlo, Oliver D. (2012 [2002]).

phischer Einfluss über die *Arts-and-Crafts Bewegung* und der Aktualität des Jugendstils in Tolkiens Jugendjahren erkennen. Aber das alles wird gerahmt durch den Einfluss der Geistesepoche der Romantik, die sich umfangreich in Tolkiens Werk nachweisen lässt. Denn der Jugendstil und die Neoromantik sind Verlängerungen oder Erneuerungsversuche der Romantik mit ihrer Begeisterung für Sagen, Märchen, das Phantastische und Mythische und ihrer Hinwendung zur Natur. Die Neoromantik, die im o.g. Schaubild ausgewiesen, aber bisher nicht weiter erläutert wurde, ist das literarische Pendant zum Jugendstil. Sie reichte etwa von 1880 bis 1915 und weist damit eine deutliche Überschneidung mit Tolkiens (*1892) früher Biographie aus. Die neoromantischen Dichter zeigten – ganz wie in der Romantik – eine Vorliebe für besondere Schauplätze ihrer Geschichten (z.B. des Mittelalters). Auch das Geheimnisvolle und Wunderbare und daran anschließend ihre Begeisterung für Sagen, Mythen und Märchen stehen in diesem Zusammenhang. Einen Verwandten findet die Neoromantik im (literarischen) Symbolismus (1890-1920), der seinen Ausgangspunkt zunächst in Frankreich des 19. Jahrhunderts hatte. Viele Aspekte, die bereits genannt wurden, lassen sich auch auf den Symbolismus beziehen bzw. zurück beziehen auf Tolkien. So wird in der Strömung des literarischen Symbolismus darauf abgezielt eine Kunstwelt zu schaffen, die letztlich nur sich selbst verpflichtet war, dabei aber ästhetisch wirkte. Auch und gerade weil mit Symbolen, Allegorien und bildhafter Sprache gearbeitet wurde, war das Ansinnen eine Gegenwelt zum Rationalismus und Realismus zu erzeugen. Und wenn man den Leitspruch des Symbolismus liest „L'art pour l'art" (Kunst um der Kunst willen), dann klingt Tolkiens Abneigung von Allegorien (s. Aufsatz 4) nicht wie ein Gegensatz dazu, sondern wie eine Paraphrase. Denn Tolkien ging es nicht darum, Bildhaftigkeit und Allegorien an sich zu negieren. Nur der Gedanke an ein „plumpes" Hinausweisen auf eine unmittelbare, reale Entsprechung, die wie in einer mathematische Gleichung einem Ereignis oder Sachverhalt auf der phantastischen Seite eine unmittelbare Entsprechung auf der realen Seite zuweist (z.B. Krieg in Mittelerde = 1. oder 2. Weltkrieg, Orks = Nazis), war ihm ein Graus. Gegen ein solches Schwarz-Weiß-Denken sprach er sich aus.

Wenn man nun Tolkiens eigene Kunst - das Malen, Zeichnen und Illustrieren - als eine weitere Ausdrucksform seiner Schaffenskunst versteht, wird deutlich, dass sie im Jugendstil eine Form fand, die der romantischen Geisteshaltung Tolkiens Ausdruck verleihen konnte. Und ich möchte mit der subjektiven Feststellung schließen, dass man Tolkiens *Herr der Ringe* als ein Gesamtkunstwerk des Jugendstils, der *Arts-and-Craft Bewegung*, des Symbolismus und vor allem der Romantik verstehen kann.

Literatur

Bidlo, Oliver D.: *Sehnsucht nach Mittelerde?* BoD, Norderstedt, 2003

---: *Verbotene Pfade nach Mittelerde?* In: Hither Shore 1 (2004): 25-35

---: *Mittelerde als Ausdruck romantischer Kreativität und Sehnsucht.* In: Hither Shore 7 (2011): 32-47

Buber, Martin: *Reden über die Erziehung*. Heidelberg: L. Schneider, 1998

Carpenter, Humphrey: *J.R.R. Tolkien. Eine Biographie.* Stuttgart: Klett-Cotta, 1979

Fahr-Becker, Gabriele: *Jugendstil.* Potsdam, Tandem Verlag/h.f.ullman, 2007

Hammond, Wayne G., Scull, Christina: J.R.R. Tolkien. Der Künstler. Stuttgart: Klett-Cotta, 2001

Langer, Alfred: *Jugendstil und Buchkunst.* Leipzig, Edition Leipzig, 1994

Ohne Verfasser: *Tolkiens World. Paintings of Middle-earth*. London Harper-Collins Publisher, 1994

Schröer, Norbert, Bidlo, Oliver: Die Entdeckung des Neuen. Qualitative Sozialforschung als Hermeneutische Wissenssoziologie. Wiesbaden, VS Verlag, 2011

Tolkien, John Ronald Reuel: *Baum und Blatt.* Stuttgart: Klett-Cotta, 1982

---: *Briefe.* Ausgewählt und herausgegeben von Humphrey Carpenter mit der Hilfe von Christopher Tolkien. Stuttgart: Klett-Cotta, 1991

---: *Der Herr der Ringe*. Band 1, Stuttgart: Klett-Cotta. 1981

---: *Der Herr der Ringe*. Band 1, Stuttgart: Klett-Cotta. 1997

8. Mittelerde als Ausdruck romantischer Kreativität und Sehnsucht

Der nachfolgende Aufsatz möchte die Begriffe Kreativität und Sehnsucht im Umkreis von Tolkiens Welt Mittelerde näher beleuchten und in einen besonderen Bezug setzen. Dabei ist die Folie, vor der sich diese Aspekte abspielen, die Romantik und die ebenfalls im weiteren Verlauf – zumindest fragmentarisch – darzustellende Grundhaltung Tolkiens als Romantiker. Die beiden Begriffe Kreativität und Sehnsucht können als eine Matrix des romantischen Denkens verstanden werden. Und diese Matrix, das Schöpfen aus einer Sehnsucht heraus, zeigt sich auch bei Tolkien und seinem schriftstellerischen Wirken: Die Welt Mittelerde ist die geronnene Form dieses romantischen Prozesses, der auf dem Zusammenspiel von Kreativität und Sehnsucht fußt. Aus diesem Grund herrscht auch eine besondere Beziehung zwischen Autor und Werk, der man mit einer reinen werkimmanenten Betrachtungsweise oder einer biographischen Analyse nicht wirklich beikommt. Man erblickt dann nur Einzelaspekte, nicht aber das, was sich zwischen beiden abspielt. Aus diesem Grund sind meine Betrachtungen auch gekennzeichnet durch den Sprung von Werk zum Autor und umgekehrt werden werkimmanente und biographische Aspekte herangezogen, um diesen Bereich des *Zwischen* deutlicher zu machen.

Nun vorab: Es gab eine Geistesströmung bzw. Epoche, die man mit dem Namen „Romantik" bezeichnet. Soweit sind sich die meisten Gelehrten, Forscher und Literaturwissenschaftler einig. Dennoch suggeriert ein solcher Epochenbegriff eine Einheitlichkeit – sowohl thematisch als auch stilistisch –, die es so nicht gibt. Daher bilden bereits der Begriff und seine Vieldeutigkeit eine Kernthematik der Romantikforschung (vgl. Schmitz-Emans 7). Aus diesem Grund fällt es schwer, die Romantik genau ein- oder abzugrenzen. Tut man es dennoch, bietet sich darüber hinaus immer die Möglichkeit des folgenden Gegenargumentes: Wenn man nicht genau sagt, was die Romantik ist, kann man dann nicht alles darunter subsumieren? Und wenn man umgekehrt so vieles zur Romantik zählt, lässt sich dann nicht nahezu jede Literatur *irgendwie* der Romantik zuzählen? Wird aber der Gegenstand dadurch nicht beliebig? Ist es also nicht eine berechtigte Kritik, dass, wenn die Romantik so vielfältig ist, man ihr fast alles unterschieben kann und damit auch in Tolkiens vielschichtigem Werk zwangsläufig romantische Versatzstücke finden muss? Sagt man wiederum, was genau man unter der Romantik versteht oder diese einschließt, grenzt man ganz viele nichtgesagte Aspekte an den Randbereichen zu anderen Geistesströmungen aus; was wiederum den Kritikpunkt der Unschärfe mit sich bringt. Hier zeigt sich ein Paradoxon: Je enger man fokussiert, je deutlicher man versucht, den Begriff der Romantik ins Visier zu nehmen, desto unschärfer wird das Bild, das man von ihr bekommt. Aus der Physik kennt man das Phänomen ja übrigens spätestens durch die Heisenbergsche Unschärferelation. Ich möchte – ohne hier ausführlicher darauf einzugehen – auf das Problem des Definierens einer Sache im Allgemeinen und der Definition, was Romantik sei, im Besonderen hinweisen. Definitionen haben meist nur eine begrenzte Gültigkeit und Halbwertszeit oder werden letztlich kaum geteilt, sodass sie nur bedingt intersubjektive Gültigkeit erlangen. Hinsichtlich der Romantik ergibt sich ein eigentümliches Bild. Manche suchen nach einem wesenhaften Kern, andere nach festzusetzenden Jahreszahlen, andere geben einen gewissen Kopf, Künstler oder Literaten an, mit denen die Romantik beginnt, oder durch den sie sich besonders ausdrückt. Letztlich kann man die Romantik – so wie viele Epochenbegriffe – als ein heuristisches Konstrukt verstehen und mit diesem operieren.

Ein weiterer Weg, um nun ein Werk als romantisch zu identifizieren, ist: Man sucht und markiert zunächst wiederkehrende Einzelaspekte in den Beschreibungen, was Romantik und romantisch sei, und weist diese dann als typisch romantisch aus; findet man dann solche in dem zu untersuchenden Text – in unserem Falle Tolkiens Texte zu Mittelerde – bis eine kritische Menge[1] überschritten ist, kann man den Text als einen romantischen verstehen. Ich werde zu zeigen versuchen, dass Tolkien nicht nur geschickt romantische Einzelaspekte verarbeitet hat, sondern diese Einzelaspekte *Auswurf* und Ergebnis seiner romantischen Haltung sind. Im weiteren Verlauf des Textes sollen also zunächst einige Sätze zu Tolkien und der Romantik vorgebracht werden. Danach werden die beiden Begriffe „Sehnsucht“ und „Kreativität“ aus der Sicht der Romantik dargelegt, ihrer Ausläufer in geronnener Form bei Tolkien nachgespürt und an einigen Beispielen deutlich gemacht. Neben der Sehnsucht ist es besonders der Begriff der Kreativität, der die Romantik als Geistesströmung und -haltung kennzeichnet und dort eine besondere Rolle spielt. Beschaut man beide Begriffe genauer, zeigt sich, dass sie in der Romantik *wesentlich* zusammenhängen. Die Kreativität entspringt nämlich der Sehnsucht nach einem unbefangenen und sich frei entfaltenden Phantasieren. Die Phantasie, die in ihrer kreativen Ausgestaltung die Kunst der Zweitschöpfung verwirklicht, rückt Tolkien, wie auch die Romantiker zuvor, in den Mittelpunkt. „Die Phantasie (in diesem Sinne, der das Phantasiegebilde mit einschließt) erscheint mir nicht als eines niedere, sondern als eine höhere Form der Kunst, ja, als diejenige Form, welche die Reinheit am nächsten kommt, und daher (wenn gelungen) die stärkste“ (BB 50). Es ist die Sehnsucht nach Zauberkraft, Magie und Drachen und der Wunsch, „diese Kräfte in der Welt außerhalb unseres Geistes zu gebrauchen“ (BB 29), die die Phantasie kreativ befeuert und eine neue Form, eine *Kreatur*, eine Zweitschöpfung hervorbringt. „Doch in einer solchen 'Phantasie', wie man dies nennt, wird neue Form geschaffen; das Feienwerk [sic!] beginnt, und der Mensch wird zum Zweitschöpfer“ (BB 29). In Tolkiens Idee der Schöpfung und der Ausgestaltung Mittelerdes drückt sich der romantische Prozess der

[1] Man kann zunächst offen lassen, wie groß eine solche kritische Menge ist oder sein muss bzw. dies dann dem Leser überlassen, ob eine solche kritische Menge für ihn – oder konsensustheoretisch – innerhalb einer Gruppe erreicht wurde.

Schöpfermacht, der Sprache und Sehnsucht nach der Ausgestaltung einer der Phantasie entspringenden Welt aus. Im romantischen Denken wollte der Dichter gerade nicht die Wirklichkeit abbilden oder wiedergeben, sondern durch seine eigene Kreativität – durch seine Schöpferkraft –, angetrieben durch eine nach innen gerichtete Sehnsucht, eine neue Welt schöpfen. Eine solche Welt steht in Opposition zur rationalistisch ausgestalteten Wirklichkeit, wie man sie zu Zeiten der Romantik überwinden wollte, aber auch zu Tolkiens Lebzeiten mit ihrer sich ausbreitenden Industrialisierung entdecken kann. Der Bedeutungsgehalt des Neuen und Schöpferischen findet sich auch im englischen Begriff der Kreativität, *creativity*, der die Fähigkeit, Neues zu schaffen, beschreibt. Dabei zeigt sich nun im Zusammenhang mit Tolkien, dass es nicht nur romantische Einzelaspekte innerhalb Mittelerdes gibt. Tatsächlich findet sich eine Vielzahl von Versatzstücken romantischen Denkens unmittelbar in den Zeilen z.B. des *Herrn der Ringe* oder des *Silmarillion*. Wichtiger als diese werkimmanente Sichtweise – obgleich wichtiger Teil davon – ist das Wechselspiel zwischen Autor, Werk und Leser, aus dem heraus sich eine Welt konstituiert, die als Ergebnis eines romantischen Kreativitätsprozesses verstanden werden muss, der wiederum auf die romantische Grundhaltung des Autors zurückgeführt werden kann.

Ich wiederhole mich: Damit ist gemeint, dass der Autor nicht zwangsläufig romantische Einzelaspekte und -elemente bewusst innerhalb seiner Geschichte verankert haben muss, das hat – wie sich zeigen wird – Tolkien augenscheinlich getan, sondern dass die Gesamtkonzeption Mittelerdes – lassen wir Mittelerde mit dem Schöpfungsmythos im *Silmarillion* beginnen – *durch* die erwähnte romantische Grundhaltung des Autors in ihrer Ausgestaltung Ergebnis eines romantischen Prozesses ist. Werfen wir dafür zunächst einen fokussierten Blick auf die Romantik.

Die Romantik

Die Geistesströmung der Romantik war ein vielschichtiges Phänomen in der ersten Hälfte des 19. Jahrhunderts. Es sind gewöhnlich die Jahrzehnte zwischen 1790 und 1840, die als Zentrum dieser Geisteshaltung gesehen werden. Wiederholt wird eine Dreigliederung der Romantik vorgenommen – zumindest für den deutschsprachigen Raum –, die die Romantik in eine Früh-, Hoch- und Spätromantik unterteilt. In der Frühromantik (1790er Jahre) liegt das Besondere in ihrer theoretischen und philosophischen Grundierung und einer ästhetischen Programmatik. In der Hochromantik (Beginn des 19. Jahrhunderts) liegt der Schwerpunkt des romantischen Denkens und Arbeitens im Bereich des Historischen, Mythologischen, der Sammlung und Auseinandersetzung mit Märchen. Die Spätromantik, die ab den zwanziger Jahren des 19. Jahrhunderts begann, setzt sich verstärkt mit der Religion und der menschlichen Psyche auseinander und bildete diese Themen in Romane, Volks- und Kunstmärchen ab.

Die Romantik gilt als die letzte, ganz Europa umfassende geistige Bewegung und hatte eine universale und tiefgreifende Bedeutung. Ihre territoriale Ausdehnung erfasste nicht nur alle Teile Europas mit Ausnahme der Türkei, sondern auch den amerikanischen Kontinent. Sie hatte nicht nur Einfluss auf die Literatur im Allgemeinen oder die Lyrik im Besonderen, sondern auch auf die Musik, die bildenden Künste in den verschiedenartigsten Ausprägungen, auf das soziale Denken und das Geschichtsverständnis. Wortgeschichtlich stammt *Romantik* von dem altfranzösischen Wurzelwort *romanz*, das die romanische Volkssprache im Gegensatz zur Gelehrtensprache Latein bezeichnete. Dichtungen und Erzählungen in der Volkssprache nannte man *romance* – später wurde daraus der Roman –, und diese hatten meist Abenteuer- und Rittergeschichten zum Gegenstand. Und bald wurde das Adjektiv *romantisch* im Sinne von romanhaft, phantasievoll oder abenteuerlich gebraucht. Wortgeschichtlich haben sich dergestalt im Laufe der Zeit eine Reihe von

Inhalten auf diesen Begriff gelegt, man kann allerdings konstatieren, dass es sich dabei immer um eine Art Gegenbegriff und -entwurf gehandelt hat.

Es gibt bedeutende romantische Aspekte, auf die ich gleich noch kurz zu sprechen kommen werde. Nicht alle findet man überall dort, wo man von Romantik spricht, aber in Kombination mit anderen Einzelheiten, z.B. dem schwer fassbaren Zeitgeist, also einer geistigen Atmosphäre, die vorherrschte, den politischen Verhältnissen oder emanzipatorischen Absetzbewegungen zur Klassik und der Antike, erwächst eine Haltung zum Subjekt, zur Natur oder zur Gesellschaft, die eine romantische genannt werden kann. Und diese Haltung drückt sich dann durch gewisse wiederkehrende Einzelaspekte oder Motive aus wie z.B. Sehnsucht, Wandermotiv, Hinwendung zum Mittelalter usw. Durch den Einfluss deutscher Autoren auf die anderen europäischen Länder kommt Deutschland eine wichtige Rolle in der europäischen Romantik zu. Friedrich Schlegels 116. Athenaeum-Fragment verdichtet wesentliche Aspekte der Kunst-, Lebens- und Weltauffassung der Romantik:

> Die romantische Poesie ist eine progressive Universalpoesie. Ihre Bestimmung ist nicht bloß, alle getrennten Gattungen der Poesie zu vereinigen und die Poesie mit der Philosophie und Rhetorik in Berührung zu setzen. Sie will und soll auch Poesie und Prosa, Genialität und Kritik, Kunstpoesie und Naturpoesie bald mischen, bald verschmelzen, die Poesie lebendig und gesellig und das Leben und die Gesellschaft poetisch machen, den Witz poetisieren und die Formen der Kunst mit gediegenem Bildungsstoff jeder Art anfüllen und sättigen und durch die Schwingungen des Humors beseelen. Sie umfaßt alles, was nur poetisch ist, vom größten, wieder mehrere Systeme in sich enthaltenden Systeme der Kunst bis zu dem Seufzer, dem Kuß, den das dichtende Kind aushaucht in kunstlosem Gesang. (Schlegel 182)

Ein Ursprung der Romantik liegt in England. Wichtige Namen – die sogenannten „Big Six“ (Reinfandt 33) – der englischen Romantik waren William Wordsworth, Samuel Taylor Coleridge, William Blake als erste Generation und Percy Shelley, John Keats und George Gordon Lord Byron als zweite Generation. Innerhalb der bildenden Künste waren es besonders John Constable und William Turner, die atmosphärische Naturbilder und Landschaften entwarfen, die die Romantik geprägt haben. Hauptmerkmal englischer romantischer Bilder wurden jene entworfenen und gemalten Landschaften, welche mit romantischen Gefühlen hoch aufgeladen wurden.
Allgemeine und wiederkehrende Motive und Aspekte der Romantik waren nun die Opposition gegen die Aufklärung – vor allem in der Frühromantik –, eine Sehnsucht nach Gott und Natur, eine Gegenwartskritik, die den Menschen als eine Maschine verstand – besonders in der Spätromantik – und einen nur auf den Verstand, Kausalität und Ordnung zielenden Geist.
Will man schlagwortartig wesentliche Elemente benennen, um die die Romantik und das romantische Denken kreisen, so kann man auf folgende Begriffe kommen:

- Träume
- Gefühl
- Phantasie
- Geheimnis
- Sehnsucht

Die Sehnsucht selbst hat ihrem romantischen Wesen nach nicht ein eindeutiges Ziel, sondern blieb in gewissem Maße unbestimmt und richtete sich auf fremde, andere Welten und Länder, die Natur, Gott und den Tod. Sie soll eine gewisse Unerreichbarkeit und eine nicht enden wollende Suche widerspiegeln, so wie die *blaue Blume* Novalis' als romantisches Symbol dieser Sehnsucht. Auch auf die Vergangenheit richtete sich die Sehnsucht der Romantiker, so besonders auf das Mittelalter oder auf die Kindheit als zurückliegende

Lebensphase. Der romantische Kindheitsmythos sah auf der einen Seite in Kindern und der Kindheit das Reine, Göttliche, die noch unverbrauchte Potentialität des Lebens und die große Kraft der Phantasie, die in den Augen der Romantiker bei Erwachsenen bereits verloren gegangen war (vgl. Baader 417).[2] Auf der anderen Seite findet sich auch in der Romantik das, was man viel später einmal „schwarze Pädagogik" nennen wird, also jene Form der Erziehung, die auf ein *Erziehen* und Bändigen des Kindes aus ist, auch wenn dabei der Wille des Kindes *gebrochen* werden muss.

Tolkien und die Romantik

Ich habe in verschiedenen Vorträgen – die nicht nur, aber in einiger Hinsicht auf meinem Buch „Sehnsucht nach Mittelerde?" gründen – nachgezeichnet, dass Tolkien eine Geisteshaltung innehatte, die man als eine romantische bezeichnen kann: Was zeichnet eine solche Geisteshaltung aus, ohne hier bereits auf die beiden noch zu besprechenden Begriffe „Kreativität" und „Sehnsucht" einzugehen? Hierzu zunächst einige Beispiele. Tolkien und sein Werk um die Welt Mittelerde stehen in verschiedener Art und Weise in Verbindung mit der epochalen Geistesströmung der Romantik. Man kann die Verbindung beispielsweise in der Liebesbeziehung zwischen Arwen und Aragorn, Beren und Lúthien, die beide ein Widerhall von Tolkiens eigener Liebe zu seiner Frau Edith sind, oder in der Betonung der Freundschaft erkennen. Viele der Grundpfeiler und Überzeugungen im Denken J.R.R. Tolkiens finden sich in und entspringen dem romantischen Gedankengut. Tatsächlich finden sich so viele Überschneidungen, dass man wohl mit Recht davon ausgehen darf, dass Tolkien ein Romantiker war. In der Romantik sowie bei Tolkien finden sich beispielsweise die tiefe christliche Überzeugung, gepaart mit einer Hinwendung, Wiederbelebung und Neuent-

[2] Tolkien hat sich in seinem Essay *Über Märchen* in diesem Zusammenhang auch mit Kindern und ihrem Verhältnis zu Märchen und solchen Erzählungen geäußert und verwies darauf, dass Märchen seiner Ansicht nach nicht eigens Kindern zugedacht werden sollten (vgl. BB 46).

wicklung des Mythos auf der Basis alter Sagen und Legenden. Gerade die Wiederbelebung des Mythos war für die Romantiker ein wesentliches Anliegen. Der Mythos wurde verstanden als Weltschleier, er behielt in der romantischen Auffassung das Rätsel- und Schleierhafte, während die Zeit vor der Romantik den Mythos noch zu häufig allegorisch fasste. „Wenn man so will, bedeutet die Wiederbelebung des Mythos in der Romantik die Emanzipation des Mythos. Es ist die Emanzipation von der mythosfremden, rationalen Verwendung und Deutung im Sinn der Allegorie“ (Koopmann 167). Aber auch der Neuentwurf einer Mythologie war den Romantikern wichtig und galt als ein Ziel. Ihre neumythopoetischen Schöpfungskonzeptionen galten ihnen als Ausdruck der Opposition zu den zeitgenössischen abstrakt konstruierten Gotteskonzeptionen der Philosophie. Die Nähe des *Silmarillions* als Tolkiens Entwurf eines Schöpfungsmythos zu diesem Punkt der Romantik ist unverkennbar (ausführlicher Bidlo, *Sehnsucht* 76 f.). Tolkiens Werk steht in mannigfacher Hinsicht in Verbindung mit dem Begriff des Mythos und der Mythologie. Denn als Schöpfer der Sekundärwelt Mittelerde griff er selbst auf vielerlei Mythen, Legenden und Sagen zurück, um daraus eine eigene und selbstständige Mythologie zu entwerfen. Und er widmete seinem Heimatland England diese mythopoetische Schöpfung.

> „Lachen Sie nicht! Es gab aber eine Zeit (seither bin ich längst kleinlauter geworden), da hatte ich im Sinn, eine Sammlung von mehr oder weniger zusammenhängenden Legenden zu schaffen, die von den großen, kosmogonischen bis hin zum *romantischen Märchen* [Hervorhebung O.B.] reichen sollten – die größeren auf den kleineren gründend, in Berührung mit der Erde, die kleineren um den Glanz des weiten Hintergrundes bereichert – ein Werk, das ich einfach England widmen könnte, meinem Lande. Es sollte den Ton und Charakter besitzen, den ich wünschte, ein wenig kühl und klar, an unsere 'Luft' erinnernd (Klima und Bo-

den des Nordwestens, das heißt Englands und der hiesigen Teile Europas, nicht Italiens oder der Ägäis, noch weniger des Ostens), und indem es (wenn ich das zu leisten vermochte) die helle, entrückte Schönheit besitzen sollte, die manche 'keltisch' nennen (obwohl sie sich in echten altkeltischen Dingen nur selten findet), sollte es 'erhaben' sein, vom Niedrigen gereinigt und dem erwachseneren Geist eines lange in Poesie gewiegten Landes gemäß. Ich wollte manche der großen Erzählungen ganz ausführen, für viele andere dagegen nur ihren Ort im Zusammenhang bestimmen und es bei Skizzen belassen. Die Zyklen sollten zu einem majestätischen Ganzen verbunden sein und doch für andere Geister und Hände Raum lassen, die Farbe, Musik und Drama hinzutun konnten. Absurd!“ (Tolkien in Carpenter 122)

Gerade der letzte Satz unterstreicht nochmals die Offenheit, die Tolkien in seinem Werk mit angelegt hat, um für andere „Hände Raum“ zu lassen.

In der Romantik und bei Tolkien findet man die Überzeugung der Wichtigkeit einer Geschichtlichkeit, um seinen Platz innerhalb dieser Geschichte einsehen zu können. Im *Herrn der Ringe*, aber auch in den weiteren Werken rund um Mittelerde spielen Genealogien und vergangene Geschichten eines Volkes eine wichtige Rolle, oft wird auf die verschiedenen Zeitalter verwiesen. Und die ganze Tiefe und Bedeutung des Ringes wird innerhalb der Erzählung selbst nur durch die geschichtliche Darstellung für die Protagonisten (und für die Leser) deutlich.

Weitere zusammenfallende Aspekte bei beiden – der Romantik und Tolkien – können stichwortartig subsumiert werden:

- ein Bevorzugen des Mittelalters und einer mittelalterlichen Atmosphäre (man denke hier auch an den romantischen Ruinenkult);
- ein vehementes Stemmen gegen ein zu rasches Voranschreiten einer oft sinnlosen Mechanisierung und Industrialisie-

rung der Welt (man denke auf Seiten Tolkiens und des *Herrn der Ringe* z.B. an Saruman und die brennenden Schlote von Isengart) und die damit einhergehende Zerstörung der Natur;

- die tiefe Liebe und Hinwendung zur Natur und der Schöpfung;
- zudem der Hang zur Phantasie, ja sogar das Hervorheben der Phantasie und des Gefühls im Gegensatz zum reinen Verstandesdenken und in diesem Zusammenhang die betonte Stellung des Märchens und seiner Bedeutung.[3]

All jene Punkte, die die Romantik zu dem machen, was sie ist, finden sich ebenfalls als exaltierte Überzeugungen bei Tolkien selbst und in vielen seiner Werke. Nun sind eine Reihe von den genannten Aspekten mittelalterlichen Ursprungs. Und in der Tat spielt das Mittelalter bzw. so etwas wie eine mittelalterliche „Atmosphäre" in Tolkiens *Herr der Ringe* eine nicht unerhebliche Rolle, zumal Tolkien selbst Mediävist und Philologe war und eine Vielzahl von mittelalterlichen Quellen verwendet hat. Das ist zurecht oft betont worden und führt dann zu der Frage und der postwendenden Antwort: „Sind Mediävisten die 'besseren' Leser von Tolkiens Werk? Meine Antwort ist ein qualifiziertes *Ja*" (Honegger 50). Die Kenntnis mittelalterlicher Literatur hilft ohne Zweifel, die verschiedenen Tiefenschichten der Texte um Mittelerde aufzuspüren und nachzuzeichnen (allgemein Bidlo, *Mythos*). Ob sich dadurch zwangsläufig ein tieferes Verständnis für das Werk und seiner Bedeutung für den Autor *und* den Leser ergibt, bleibt aber unbestimmt. Denn ohne den romantischen Bedeutungs- und Bezugsrahmen des Werkes bleibt auch die Kenntnis der mittelalterlichen Quellen *leblos* und führt nicht zu einem tieferen Verständnis, sondern verliert sich in faktischem Wissen über es. Beschaut man zudem die Art und Weise, wie mittelalterliche Aspekte dort dargestellt und implementiert

[3] Für Tolkiens Verständnis der Phantasie und ihrer Wichtigkeit und der Bedeutung des Märchens vgl. Tolkien 1982

sind, zeigt sich, dass im *Herrn der Ringe* eine – wenn man so will – Mittelalterrezeption aus romantischer Perspektive erfolgt. Es ist keine authentische Mittelalterdarstellung, sondern eine romantisch und phantastisch aufgeladene Darstellung des Mittelalters und von Geschichte. Es dient hier wie dort als Projektionsfläche für Sehnsüchte und der Möglichkeit zur Wiederherstellung einer verloren geglaubten Harmonie und Weltordnung. Diese Harmonie – das Goldene Zeitalter – erkannten vor allem die Hochromantiker im Mittelalter. Im *Herrn der Ringe* bricht für Mittelerde und das Auenland das Goldene Zeitalter dann im vierten Zeitalter an, das durch Frodos Aufgabenerfüllung eingeläutet wird. In Anlehnung an das o.g. Zitat lässt sich dann sagen: Die emotionale Tiefe und Bedeutung der Tolkientexte um die Welt Mittelerde sind von einem romantisch geschulten Leser – und das umschließt das Wissen um mittelalterliche Quellen – besser zu erfassen.

Sehnsucht und Kreativität in der Romantik, bei Tolkien und in seiner Welt Mittelerde

In der Romantik will der Dichter die Wirklichkeit nicht einfach nachahmen, sondern sie durch seine eigene Kreativität neu erschaffen. Dieser Prozess des Schaffens ist in doppelter Hinsicht in der Romantik *eigenartig*. Zum einen geht es nicht darum, dass die erschaffene Wirklichkeit eine Kopie oder originalgetreue Wiedergabe der herkömmlichen Wirklichkeit sei. Zum anderen herrschte das Bewusstsein vor, dass der kreative Prozess der Schöpfung nie vollendet sein kann, sondern sich fortlaufend weiterschreibt. Wichtige Motive sind hier der Auszug und Aufbruch in die Ferne, die Suche nach dem eigenen Ich, aber auch das Aufeinanderprallen verschiedener Wertvorstellungen, welches sich aus der Wanderung ins Neue und Unbekannte ergibt. Zudem gehören die Hinwendung zum Wunderbaren und die Sehnsucht nach dem Geheimnis zu diesen Aspekten. Kreativität und Sehnsucht finden ihren Ausdruck und kulminieren zugleich in dem Begriff des Aufbruchs und damit des

Reisens, der die o.g. Aspekte einschließt. Das Reisemotiv „auf zu neuen Ufern" beinhaltet beides: die Sehnsucht und die Kreativität, als Haltung der Möglichkeit, Neues auf sich wirken zu lassen und dadurch selbst eine Veränderung des eigenen Ichs möglich zu machen. Man erfindet sich, man schöpft sich neu durch den Aufbruch, durch eine Reise.

Frodos Auszug aus dem Auenland und sein Weg nach Mordor hat natürlich den Stil einer mittelalterlichen Queste. Aber die mittelalterliche Queste diente nicht unerheblich dem romantischen Wandermotiv als Vorlage. Und ein wichtiger Unterschied ist, dass im romantischen Wandermotiv nicht ein Held oder Ritter auszieht, um Ruhm und Ehre auf seiner Heldenreise zu erwerben, sondern oft ein einfacher Wanderer, der in die Fremde gezogen und gestoßen wird, und sich auf eine aufgezwungene Wanderung begibt. Das Neue – Erfahrungen, Wissen, Sichtweisen –, das während der Reise erworben wird, muss in die alten Vorstellungen integriert werden. Im romantischen Wandermotiv ist der Wanderer, der sich durch die unberührte Natur gleich einer Märchenwelt bewegt, zwischen Heim- und Fernweh hin und her gerissen, und während seiner Wanderung wird er häufig mit dem christlichen Mittelalter konfrontiert. Man benötigt nicht viel Phantasie, um dies auch als Folie des *Hobbits* und später des *Herrn der Ringe* zu verstehen. Auch hier gilt mein Hinweis: Nicht dieser Aspekt allein macht aus dem *Hobbit* oder dem *Herrn der Ringe* ein romantisches Buch. Aber er trägt als ein Einzelaspekt dazu bei, auf die romantische Grundhaltung Tolkiens rückzuschließen, die wiederum das daraus entstandene Werk als ein romantisches mit ausweist.

Die Sehnsucht steht in vielerlei Hinsicht in Verbindung zu Tolkiens Werk. Zum Beispiel findet man sie „materialisiert" bei den Elben, die von einem tiefen Fernweh ergriffen werden, wenn sie Möwen oder das Meer erblicken und ihre Sehnsucht immer bei sich tragen. Es zieht sie über das Meer. Weiterhin steht die Sehnsucht auch für die Beschreibung einer Seite Tolkiens, die sich aus seiner

Biographie ergibt. Bemerkt sei hier das lange Warten, bis er endlich seine große Liebe Edith heiraten konnte, es waren beinahe sieben Jahre (1909-1916). Tolkien erinnerte sich oft daran, wie er mit seiner Frau auf dem Lande spazieren ging. Und auf den Streifzügen durch einen schönen Wald tanzte und sang sie für ihn. Diese Begebenheit sollte später als Vorlage für die Liebe und Geschichte von Luthien und Beren und Arwen und Aragorn dienen. Zudem lebte Tolkien zur Zeit der Neoromantik, einer Zeit, in der das romantische Gedankengut wieder aufkam – die Betonung des Phantastischen, Märchenhaften und die Neigung zur Verwendung von Symbolen – und sich neu in Literatur und Kunst ausdrückte. Niederschlag findet das z.B. in der Kunstrichtung des Jugendstils, die übrigens auch bei Tolkien ihren Eingang gefunden hat, z.B. in der Kunst der Elben, dem Schmuck oder mancher Architektur oder auch in Tolkiens eigener Kunst. Die Opposition zur sich immer weiter ausbreitenden Industrialisierung zur Zeit Tolkiens ist eine Reminiszenz an die Überbetonung des Verstandes zuungunsten der Phantasie und des Träumens, gegen die sich die Romantik wandte. An einem kurz besprochenen Bild-Beispiel – das bereits für den vorherigen Aufsatz zur Illustration diente – möchte ich erläutern, wie auch die romantische Kunst gewisse Beschreibungen im *Herrn der Ringe* beeinflusst hat. Tolkiens ausdrucksstarke, bildhafte Sprache und Beschreibung wurden von vielen Künstlern und Malern als Inspirationsquelle aufgenommen. Die folgende Passage aus dem *Herrn der Ringe* wurde z.B. von Tad Nasmith in seinem Bild *Riders at the Ford* nach dieser Beschreibung gemalt:

> In diesem Augenblick erhob sich ein Brausen und Tosen: ein Rauschen von lauten Wassern, die viele Steine mit sich reißen. Undeutlich sah Frodo, wie der Fluß unter ihm stieg und eine ganze Reiterschar von Wellen das Flußbett herunterkam. Weiße Flammen schienen auf ihren Kämmen zu flackern, und halb bildete sich Frodo ein, inmitten des Wassers weiße Reiter auf wei-

> ßen Pferden mit schäumenden Mähnen zu erkennen. (HdR I 263)

Nimmt man die Beschreibungen von Tolkien und das dazu gemalte Bild von Nasmith, kommt man schnell überein, dass das Bild eine nahe am Text erstellte visuelle Umsetzung ist. Das Bild, von dem ich spreche (vgl. Aufsatz 7 über den Jugendstil), nennt sich „Die Rosse des Neptun" oder auch „Die Pferde Neptuns" und stammt wie erwähnt von Walter Crane. Und Walter Crane wiederum war zusammen mit William Morris und Dante Gabriel Rossetti einer der wichtigsten Mitglieder der Arts and Crafts Bewegung, die Wegbereiter des Jugendstils war und romantische Ideen aufnahm. Von einigen wurde er sogar als der wahre Vater des Art nouveau bzw. des Jugendstils angesehen.

Tolkien stammt aus einer politischen und gesellschaftlichen „Großwetterlage", die – über die Arts and Crafts Bewegung, der Neoromantik und des Jugendstils – romantisch geprägt war, die ihn beeinflusst und geprägt und darüber Eingang in sein Werk gefunden hat.

Aber auch wenn man den Blick weg von biographischen oder textimmanenten Aspekten nimmt und auf die Rezipienten von Tolkiens Werken rund um Mittelerde richtet, zeigen sich die Offenheit seiner Werke und seine Sehnsucht bildende Kraft. Tolkiens phantastische Schöpfung erweckt auch in den Leserinnen und Lesern ein tiefes Gefühl von Sehnsucht. Und Tolkiens Werke sind meines Erachtens auch deshalb so erfolgreich, weil sie eine gewisse Unbestimmtheit in sich tragen und Raum für den Leser und dessen Phantasie und Vorstellung lassen. Ohne an dieser Stelle ausführlich auf rezeptionsästhetische Aspekte einzugehen (hierzu Bidlo, *Pfade*) sei betont, dass aus rezeptionsästhetischen bzw. wirkungsästhetischen Gesichtspunkten sich ein Text erst im Lesevorgang generiert und aktualisiert, d.h. in der Interaktion zwischen Werk und Leser. Aus diesem Grund liegt die Bedeutung eines Textes nicht allein im Text, sondern *zwischen* Leser und Text. Literarische Texte wandeln sich je nach ihrem Rezeptionsumfeld, in welchem sie aktualisiert werden. Das wiederum kann erklären, warum sich unterschiedliche Interpretationen eines Werkes bilden können und es nicht nur *eine* gültige ausweist. Aber neben der Interpretation, was die Erzählung möglicherweise bedeutet, zeigt Tolkien selbst auf, dass es eine weitere Ebene gewisser Texte – hier Märchen – gibt.

> [D]ann bleibt immer noch eines, das allzuoft vergessen wird, nämlich die Wirkung, die diese alten Stoffe in den Geschichten, so wie sie sind, *jetzt* hervorrufen. [...D]er wichtigste Eindruck aber, den diese Erzählung in meiner Erinnerung hinterlassen hat, war nicht der des Schönen oder Grauenhaften, sondern der Anhauch einer Ferne, eines tiefen Zeitenabgrundes. (BB 36)

Tolkien weist hier schon – ohne sie beim Namen zu nennen – auf die Sehnsucht hin, die letztlich im Zentrum der menschlichen Kreativität in Form des Menschen als Zweitschöpfers (vgl. BB 41) steht. Denn die Sehnsucht ist ein bewundernswertes, aber auch melancholisches und schmerzhaftes Streben, das in vielfältiger Art und Weise das tiefe Wesen des *Herrn der Ringe* und der Welt Mittelerde offenlegt. Und Sehnsucht nimmt auch einen bedeutungsvollen Rang in Tolkiens Denken über die Bedeutung menschlicher, schöpferischer Kunst ein. Über Ausflüge in seiner Kindheit in das Reich der Phantasie und der Märchenwelt schreibt er selbst:

> Aber ich kann mich nicht daran erinnern, daß meine Freude an einer Geschichte jemals von dem Glauben abhängig gewesen wäre, daß dergleichen im 'wirklichen Leben' geschehen könne oder geschehen sei. Offensichtlich ging es in den Märchen nicht in erster Linie um das Mögliche, sondern um das Erwünschte. Wenn sie das *Verlangen* [Hervorhebung im Original] weckten und es befriedigten, nachdem sie es oft bis zur Unerträglichkeit angestachelt hatten, waren sie gelungen. [...] Phantasie, das Er-

> schaffen oder Erspähen anderer Welten, war das Herzstück des Verlangens nach dem Elbenreich. Ich verlangte nach den Drachen mit einer tiefen Sehnsucht. (BB 44 f.)

Beschauen wir in diesem Zusammenhang kurz den Begriff der *Kreativität.* Es wurde nach dem lateinischen Wort *creare* gebildet. Dieses Wort tauchte ursprünglich fast ausschließlich in der Theologie auf. Die Fähigkeit, schöpfen und erschaffen zu können, sprach man nur dem Creator, dem Schöpfer-Gott zu. Aber die Menschen sind nach der Lehre des Alten Testaments auch ein Bild Gottes. So ist es verständlich, dass im christlichen Abendland die Nachahmung jener göttlichen Fähigkeit eine besondere Bedeutung gewann. Zunächst übertrug sich diese göttliche Tugend des Schöpferischen auf einen besonderen Menschentypus, auf das Genie oder eben besondere Menschen. Aber letztlich ist jedem Menschen der Schöpferdrang inhärent, der auf einer im Menschen verankerten Sehnsucht fußt. Wo findet man den Kreativitätsbegriff im *Herrn der Ringe* oder darüber hinaus? Vielleicht ausdrücklich nicht, aber im Sinne der Kreatur, des Geschöpften und des Entworfenen. Das Entworfene ist das hinausgeschleuderte. Wohin wird und woher wurde es geschleudert? Das Geschöpf ist hier das durch den Autor Geschöpfte, es ist entworfen, hinausgeschleudert und zwar aus der Phantasie und Sehnsucht des Autors hinaus in die Welt außerhalb des Geistes des Autors. Mittelerde selbst ist eine geschöpfte, eine kreierte Welt, erschaffen durch die subkreative Kunst Tolkiens. Tolkien selbst wies auf die Sehnsucht hin, aus der viele Elbengeschichten geboren sind. „Im Herzen vieler von Menschenhand geschaffenen Elbengeschichten findet sich offen und verhüllt, rein oder beigemischt, das Verlangen nach einem lebendigen, wahrgewordenen Zweitschöpfertum [...]. Aus diesem Verlangen sind die Elben geschaffen“ (BB 55).
Durch die Entgrenzung des eigenen Ichs, eben durch das Entwerfen, das Hinausschleudern einer neuen, anderen Welt bzw. einem Entwurf derselben, sollte sich der Mensch in der Romantik von

konventionellen Ketten befreien, die Ketten des eigenen Seins sprengen, die eigenen Grenzen verschieben. Die Innerlichkeit rückte in den Mittelpunkt der Kunst, denn nur dort ist der Mensch in der Lage, Gottes Schöpfung zu erkennen. Das Gefühl der Schöpfungskraft ist eines der zentralen Motive der Romantik. Und dabei ist das dort entworfene Kunstwerk nie vollkommen eine Widerspiegelung der göttlichen Wirklichkeit der Welt, sondern nur ein Hintasten. Daher zeigen das Fragmentarische und verschiedene Brüche den Prozess der Entwicklung an, jedoch auch die selbstkritische Distanz des Dichters. Der Dichter innerhalb der Romantik kommentiert sein eigenes Werk, schreibt es weiter, korrigiert und amüsiert sich auch teilweise selbst darüber oder tritt hinter diesem zurück, externalisiert es und trifft auf es erneut wie auf eine von ihm unabhängige Schöpfung. Und bei Tolkien wird die Schöpfung, das Ergebnis des kreativen Aktes, ein *Auswurf* der Phantasie. Phantasie und Kreativität sind hier kaum mehr zu trennen. Sie sind ein kraftvoller *Strudel* im menschlichen Denken, der Neues erschafft. „Die schöpferische Phantasie dagegen, weil sie in der Hauptsache auf etwas anderes ausgeht (das Erschaffen von Neuem)" (BB 59).

Die Offenheit von Tolkiens Werk im Allgemeinen und des *Herrn der Ringe* im Besonderen drückt sich nun besonders durch seine intertextuelle Anlage aus. Tolkiens Werke, zumal das des *Herrn der Ringe* sind im hohen Maße von Intertextualität gekennzeichnet, was soviel meint, als dass bewusste und unbewusste Bezüge auf andere Geschichten, Mythen oder Erzählungen verarbeitet sind. Literatur besteht in einem großen Maße aus dem Kombinieren von alten Motiven. Schneidewind betont zu recht: „Die Kunst des Schreibens besteht zu einem nicht unerheblichen Teil darin, Ideen und Motive neu zu verbinden und darzustellen. Was immer man genau unter phantastischer Literatur und Fantasy versteht, eines zeichnet diese stets aus: So gut wie immer finden wir darin Topoi oder Motive aus älteren Mythen" (Schneidewind 9). Tolkien weist in einer Fußnote selbst darauf hin, dass Mythen, zumal die großen Erzählungen, aus unzähligen Fäden ge- und verwoben sind, und weist ihnen emergente Eigenschaften zu. „Das Bild ist größer als die Summe der Fäden, aus denen es besteht, und wird durch sie nicht erklärt. Hier liegt die Schwäche, die der analytischen (oder 'wissenschaftlichen') Methode innewohnt: Sie findet vieles über Dinge heraus, die in Erzählungen vorkommen, aber wenig oder nichts über deren Wirkung in einer bestimmten Erzählung" (BB 28).

Innerhalb der Romantik galt das Unabgeschlossene und Offene des romantischen Kunstwerkes als eine wichtige Grundlage dafür, dass der Leser zum Weiterdenken des Werkes animiert wird. Und dadurch wiederum leitet der Leser einen nicht enden wollenden Prozess des Werkes selbst ein. Es endet nicht auf der letzten Seite, sondern bietet eine Reihe von Anknüpfungs- und Fortsetzungspunkten. Auf Tolkien bezogen sind dies zum einen die Intertextualität und zum anderen seine im Text angelegten Verweise z.B. auf frühere Zeiten, Genealogien oder Geschichten eines Volkes und des mitunter fragmentarischen Stils im Rahmen dieser Verweise, die eine Offenheit im Werk selbst erzeugen. Tolkien wollte Anknüpfungspunkte in seinem Werk setzen – Raum „für andere Geister und Hände" lassen (vgl. Carpenter 122) –, sodass die Geschichten fortgeschrieben und -gedacht werden konnten. Und zumindest sein Werk rund um Mittelerde besitzt eine innere Verweisungsstruktur aufgrund der verschiedenen Zeitalter, auf die sich bezogen wird. So weist der *Herr der Ringe* oder der *Hobbit* hinaus auf das *Silmarillion*. Und schaut man auf das Ende des *Herrn der Ringe* – oder auf die im Text nur fragmentarisch und unvollendet gelassenen Geschichten –, seien es die letzten Zeilen des letzten Bandes oder die Anhänge, wird deutlich, dass das Werk offen gehalten ist zum Weiterdenken durch den Leser. Literatur innerhalb der Romantik verbindet die Wirklichkeit und Phantasie zu einem Werdensprozess, der nie vollkommen fertig sein kann. Und dieses Motiv lässt sich deutlich bei Tolkien wiederfinden.

Abschluss

Tolkiens Zweitschöpfung – der deutsch-jüdische Kulturphilosoph Martin Buber sprach einmal von einem dem Menschen inhärenten Urhebertrieb (vgl. Buber 17) – ist ein Kreiertes, etwas Entworfenes, das durch die Kreativität und Phantasie des Autors geschaffen wurde. Der Antrieb dieser Kreativität ist die Sehnsucht, die durch das Werk eine materielle Form erhält.

Sehnsucht und Kreativität gab es natürlich nicht erst seit der Romantik, sondern sie sind beständiger Teil der Menschheit. Aber in der Romantik sind beide Begriffe in der oben dargestellten Weise miteinander verknüpft, sind so aufeinander bezogen und stehen im Zentrum des romantischen Denkens.

Der Einfluss romantischen Denkens bei Tolkien ist derart nicht mehr nur durch das Suchen, Auffinden und die Addition bestimmter romantischer Einzelaspekte nachführbar, sondern Tolkiens Mittelerdewerk selbst muss als Ergebnis und Entwurf einer romantischen Geisteshaltung verstanden werden, ohne das unterschiedliche und andere Einflüsse, die sich ohne Zweifel in hohem Maße in den Werken Tolkiens wiederfinden, dadurch ausgegrenzt werden oder nicht integrierbar sind. Es gibt somit eine fundierte romantische Lesart von Tolkiens Mittelerdewerken im Allgemeinen und des *Herrn der Ringe* im Besonderen.

Literatur

Baader, Meike Sophia. „Der romantische Kindheitsmythos und seine Kontinuitäten in der Pädagogik und in der Kindheitsforschung". *Zeitschrift für Erziehungswissenschaft* 7 (3/2004): 416-430

Bidlo, Oliver D. *Mythos Mittelerde. Über Hobbits, Helden und Geschichte in Tolkiens Welt*. Essen: BoD, 2002

---. *Sehnsucht nach Mittelerde?* Essen: BoD, 2003

---. „Verbotene Pfade nach Mittelerde?" *Hither Shore* 1 (2004): 25-35

Buber, Martin. *Reden über die Erziehung*. Heidelberg: L. Schneider, 1998

Carpenter, Humphrey. *J.R.R. Tolkien. Eine Biographie.* Stuttgart: Klett-Cotta, 1979.

Honegger, Thomas. Die *interpretatio mediaevalia* von Tolkiens Werk. *Hither Shore* 1 (2004): 37-51.

Koopmann, Helmut. *Mythos und Mythologie in der Literatur des 19. Jahrhunderts.* Frankfurt/Main: Klostermann, 1979

Reinfandt, Christoph. *Englische Romantik. Eine Einführung.* Berlin: Erich Schmidt Verlag, 2008.

Schlegel, Friedrich. *Fragmente. Athenäums-Fragmente.* Kritische Friedrich-Schlegel-Ausgabe. Herausgegeben von Ernst Behler. Bd. 2, München, Paderborn, Wien: Schöningh, 1967

Schmitz-Evans, Monika. *Einführung in die Literatur der Romantik.* Darmstadt: Wissenschaftliche Buchgesellschaft, 2004

Schneidewind, Friedhelm. *Mythologie und phantastische Literatur.* Essen: Oldib Verlag, 2008

Tolkien, John Ronald Reuel. *Baum und Blatt.* Stuttgart: Klett-Cotta, 1982

---. *Briefe.* Ausgewählt und herausgegeben von Humphrey Carpenter mit der Hilfe von Christopher Tolkien. Stuttgart: Klett-Cotta, 1991

---. *Der Herr der Ringe.* Band 1, Stuttgart: Klett-Cotta, 1997

Siglen

B = Tolkien, John Ronald Reuel. *Briefe.* Ausgewählt und herausgegeben von Humphrey Carpenter mit der Hilfe von Christopher Tolkien. Stuttgart: Klett-Cotta, 1991

BB =Tolkien, John Ronald Reuel. *Baum und Blatt.* Stuttgart: Klett-Cotta, 1982

HdR I = Tolkien, John Ronald Reuel. *Der Herr der Ringe. Band I. Die Gefährten.* Stuttgart: Klett-Cotta, 1981

9. Die Grenzen in und von *Mittelerde* – Tolkien als romantischer Grenzgänger

Der Aufbruch und das Reisemotiv können als Aspekte bezeichnet werden, die in der europäischen Romantik wiederkehrende Motive darstellen. Ihnen gemeinsam ist, dass es in verschiedener Hinsicht um das Überschreiten von Grenzen geht, nämlich sowohl zeitlichen, räumlichen, persönlichen als auch metaphysischen Grenzen. Ein Schema, das den Aufbruch andeutet, lässt sich wie folgt anzeigen: Sehnsucht — Aufbruch — Grenzen – Überschreitung. In metaphysischer Hinsicht ließe sich hier auch von *Transzendenz* sprechen. Die Romantik will Grenzen sprengen, z.B. Grenzen zwischen Traum und Wirklichkeit, Phantasie und Realität, zwischen Ich und Welt. Der nachfolgende Beitrag geht nun begründet davon aus, dass es sich bei Tolkiens Werk im Allgemeinen und dem *Herrn der Ringe* im Besonderen um eine Erzählung handelt, die aus einer romantischen Grundhaltung heraus verfasst wurde (vgl. Bidlo 2003 [2013][1], 2011a, 2011b sowie besonders Eilmann 2016). Auch wenn nicht das gesamte Werk Tolkiens romantisch ist, so schimmert seine romantische Haltung durch viele Aspekte seiner Arbeit hindurch. Darauf bezugnehmend soll sich über die Verbindung von Sehnsucht und Aufbruch dem Aspekt der Grenze zugewandt werden. Es kann und soll nicht um einen Vergleich zwischen Tolkiens *Herrn der Ringe* und einem oder einigen ausgewählten Texten der Romantik in Bezug zum Begriff der *Grenze* gehen. Denn ein solcher Vergleich würde kaum die romantische Dimension des *Herrn der Ringe* zeigen können. Der Begriff der Grenze wird von Tolkien

[1] In meinem Buch „Sehnsucht nach Mittelerde?“, das zuerst 2003 erschien und 2013 erweitert neu aufgelegt wurde, werden in erster Linie romantische Aspekte, die sich im *Herrn der Ringe*, im *Hobbit* und auch in Tolkiens Biographie finden, herausgearbeitet. So z.B. die Sehnsucht, Naturverbundenheit, Freundeskreise, die besonders in der Romantik beliebt waren, Ruinenkult, Morbidität, der Verweis auf die Historizität der Welt oder mythopoetischer Aspekte. Den Grenzbegriff hatte ich dort noch nicht behandelt.

selbst dazu genutzt, um romantische Aspekte in seine Erzählung einzuweben. In übergeordneter Hinsicht stellt der Begriff der Grenze eine Matrix dar, um das Neue, die Grenzüberschreitung zwischen Altem und Neuem, dem Gestern und Heute in den Text einzubringen. Einzelaspekte lassen sich daher gut an romantischen Texten ausweisen, daher wird im Verlauf immer wieder auf romantische Beispiele verwiesen. In der Gesamtsumme steht Tolkiens Verwendung des Grenzbegriffs allerdings für sich.

Ursprünglich wurde das Thema des Aufsatzes für einen Vortrag im Rahmen einer Veranstaltung der Deutschen Tolkien Gesellschaft und entsprechend auf Basis einer deutschen Ausgabe des Herrn der Ringe erarbeitet. Die rein quantitative Dimension der Begriffsnutzung ändert sich natürlich, wenn man eine englischsprachige Ausgabe nutzt, nicht aber die qualitative Dimension. Für diesen Aufsatz beziehe ich mich sichtbar auf eine deutsche Ausgabe, dennoch wurden die hier genannten Aspekte auch über die englische Ausgabe des *The Lord oft the Rings* gegengelesen. So wurde sichergestellt, dass es sich nicht allein um einen Aspekt handelt, der sich allein aus der Übersetzung ergeben hat. Eine Besonderheit sei bereits hier angemerkt. Tolkien nutzt im englischen Original fast ausschließlich den Begriff „borders", der Ausdruck „boundary" wird so gut wie gar nicht genutzt (nur 3-mal in Band 1 anschließend nicht mehr) und „limit" ebenfalls sehr selten (1-mal Band 1, anschließend nicht mehr). Der Begriff „bounds" im Sinne einer Begrenzung wird ebenfalls nur einmal genutzt, allerdings an einer für den hier gewählten Zusammenhang wichtigen Stelle. Auch wenn nun in erster Linie der Fokus auf die „Grenzen" („borders") gelegt wird, werde ich zwei Textstellen ausweisen, in denen es einmal um „bounding" (Tom Bombadil) und einmal um „limit" (Sam) gehen wird. In der deutschen Ausgabe des *The Lord of the Rings* (Carroux-Übersetzung) wird an allen Stellen von „Grenzen" (border, boundary, bounds, limit) gesprochen, wobei dort natürlich ebenfalls klar wird, dass es z.B. im Hinblick auf Bombadil und sein Land weniger um „borders“ als mehr um „bounds“ geht. Er ist aus freier Wahl *gebunden* an sein Land, es sind daher eher *Bindungen* als Grenzen, die Tom Bombadil auf sein Gebiet hin einhegen.

Über den Begriff der *Grenze* und der Grenzüberschreitung soll nun eine spezifische *romantische* Seite des *Herrn der Ringe* veranschaulicht werden. Der Begriff der *Grenze* stellt, wie oben erwähnt, in der Romantik in verschiedener Hinsicht einen wichtigen Aspekt dar. So sind es die Grenzüberschreitungen, die sich z.B. im Reisemotiv der Romantik wiederfinden, die nicht nur das Andere und Fremde in den Blick rücken, sondern zugleich auch auf das Eigene und Vertraute verweisen. So lässt sich sowohl in der Erzählung als auch in der Form des Erzählens das kreative Spiel zwischen dem Alten und dem Neuen entdecken, das für die Romantik neben Anderem charakteristisch ist. Jede Grenze, die überschritten wird, birgt die Möglichkeit des – auch gefahrenvollen – Neuen, dem es sich zu stellen gilt. Das Reisemotiv ist in vielen Werken der Romantik zunächst von einer Ziellosigkeit geprägt, während es im *Herrn der Ringe* im Gegensatz dazu eine explizite Aufgabenstellung hat. Dennoch überschneiden sich das dezidierte Reisemotiv in der Romantik und im *Herrn der Ringe* im Aspekt der Sehnsucht und dem der Selbstfindung. Und beiden Aspekten liegt auch eine Grenzüberschreitung zugrunde: die Überschreitung der eigenen bekannten Erfahrungen sowohl in räumlicher als auch in persönlicher Hinsicht (Sam, Frodo, Freundschaft zwischen Elben und Zwergen, Legolas/Gimli). Es geht also auch um Entwicklungen, die durch Wanderungen und durch das Reisen angestoßen werden. Romantische Beispiele sind hierfür *Franz Sternbalds Wanderungen* (1798, Tieck), *Childe Harold's pilgrimage* (1812/1818, Lord Byron), *Heinrich von Ofterdingen* (1802, Novalis), *Die Winterreise* (1824, Gedichtzyklus von Wilhelm Müller) oder *Aus dem Leben eines Taugenichts* (1826, Eichendorff).

Nach diesen einleitenden Worten soll zunächst ein kurzer Blick auf spezifische Aspekte der Romantik als europäische Epoche geworfen werden, ein Schwerpunkt liegt dabei auf der englischen und deutschen Romantik. Anschließend wird der Begriff der Grenze in Kapitel 3 differenziert ausgewiesen. In Kapitel 4 werden dann anhand einiger ausgewählter Textstellen aus dem *Herrn der Ringe* drei grundlegende Kategorien vorgestellt, über die die Verwendung des Konzepts der Grenze exemplarisch veranschaulicht werden kann. Der Aufsatz endet mit einem kurzen Fazit.

2. Romantik – Eine europäische, grenzüberschreitende Epoche

Die Romantik ist eine europäische Epoche und Bewegung. Ein Ursprung der Romantik liegt in England. Wichtige Namen der englischen Romantik waren William Wordsworth, Samuel Taylor Coleridge, William Blake als erste Generation und Percy Shelley, John Keats und George Gordon Lord Byron als zweite Generation. Innerhalb der bildenden Künste waren es unter anderem John Constable und William Turner, die atmosphärische Naturbilder und Landschaften entwarfen, die die Romantik bildhaft in Szene setzten. Hauptmerkmal englischer romantischer Bilder wurden jene entworfenen und gemalten Landschaften, welche mit romantischen Gefühlen hoch aufgeladen waren. Als allgemeine und wiederkehrende Motive und Aspekte der Romantik lassen sich zum einen die Opposition gegen die Aufklärung – vor allem in der Frühromantik – und eine Sehnsucht nach Transzendenz, Unendlichkeit, Spiritualität und Natur benennen. Zum anderen spielen die Kritik an einer Gegenwart, die den Menschen in erster Linie als eine Maschine versteht – besonders in der Spätromantik – und einen nur auf den Verstand, Kausalität und Ordnung zielenden Geist eine weitere wichtige Rolle. Darin spiegelt sich auch die Angst zu jener Zeit vor technischen Neuerungen und ersten Automaten wider. Beispiele aus der deutschen Romantik finden sich bei E.T.A. Hoffmann und seinen Werken *Die Automate* (1814), Der Sandmann (1815) und *Nussknacker und Mausekönig* (1815/1816). Ein wichtiger Vorläufer dieser Entwicklung findet sich beim französischen Arzt und Philosophen

La Mettrie und seiner Kampfschrift „L'Homme-Machine" (1748), in der der Mensch als (perfekte) Maschine dargestellt wird.
Der Hinweis auf die europäische Wirksamkeit der Romantik (vgl. Eilmann 2016: 59) soll nun die unterschiedlichen nationalen Entwicklungen der Romantik nicht verneinen. Dennoch zeigt sich überall ein ähnliches Muster. Und die Entwicklung und wechselseitige Beeinflussung in den beiden für die Romantik zentralen Ländern, England und Deutschland kann hier – trotz aller Unterschiede – beispielhaft genommen werden. Das ähnliche Muster, das sich in allen Romantiken wiederfindet, ist, dass die Romantik selbst eine Grenze zu etwas Anderem, Neuem und Alten markiert. Die Romantik war eine grenzüberschreitende, europäische Bewegung und ist selbst *grenzüberschreitend* – trotz der jeweiligen Unterschiede.

> „In solchem Streit um die Romantik gerät leicht in Vergessenheit, worin ihr unumstrittener Beitrag zur europäischen Moderne liegt. Dieser lässt sich so benennen: Als Konsequenz der Aufklärung und deren Selbstkritik entwickelt die Romantik eine ganz neue, kreative, subjektive und damit potenziell freie Form von Metaphysik. Insofern auch diese Art von Metaphysik zu unserer heutigen Kultur zählt, sind wir nicht nur Kinder der Aufklärung, sondern zugleich Erben der Romantik" (Matuschek 2021: 47).

Und in Bezug zur Bedeutung der deutschen Literatur für die europäische Romantik betont Matuschek zurecht:

> „Zum ersten Mal spielt dabei die deutsche Literatur eine führende Rolle. Zuvor hatte sie sich an den Nachbarliteraturen orientiert, im 18. Jahrhundert hauptsächlich an der englischen und französischen. Mit der Romantik wird sie selbst produktiv und musterbildend" (Matuschek 2021: 54).

Die Romantik überwindet nicht nur die (vom Menschen gezogenen) nationalen Grenzen, sondern auch die zwischen Rationalität und Phantasie und jene zwischen dem Menschen und der Natur. Die Natur wird als beseelt verstanden und nicht allein als ein Produktivgut. Genau das ist es übrigens auch, was die Natur im *The Lord oft the Rings* ausmacht: Sie ist beseelt und voll entwerfendem Leben. Nicht zufällig erscheint die Natur dort nicht klar getrennt von den Menschen oder anderen Wesensformen (vgl. Bidlo 2013 [2003]: 72 ff.). So lässt sich die Aussage des deutschen romantischen Dichter Novalis, was man unter Romantik verstehen könne, auch ohne große Anstrengung auf den *The Lord oft the Rings* beziehen: „Indem ich dem Gemeinen einen hohen Sinn, dem Gewöhnlichen ein geheimnisvolles Ansehen, dem Bekannten die Würde des Unbekannten, dem Endlichen einen unendlichen Scheine gebe, so romantisiere ich es" (Novalis 1978: 334.).

3. Der Begriff der Grenze

Beschaut man den Begriff der Grenze, dann ist er eigentlich ein Ordnungs- und Orientierungsbegriff, da auch eine Position bestimmt und ein Innen und Außen erzeugt wird. Etwas ist in Grenzen oder man steht außerhalb von Grenzen oder von dem, was die Grenze umschließt. Grenzen umschließen also auch etwas. Und das führt zur Frage, wie Grenzen überhaupt bestimmt werden.

In der Romantik spielt, wie bereits kurz angezeigt, diesbezüglich auch die Überwindung von Grenzen eine zentrale Rolle. Zum einen verweist in der Romantik die sichtbare Grenze auf etwas Unsichtbares. Entfernungen werden überbrückt, es gilt zu reisen. Dabei geht es allerdings nicht nur darum, in Bewegung zu sein, sondern Bewegung ist Mittel zum Zweck, um Raum zu erzeugen, zu durchschreiten und die Grenzen des Bekannten zu überschreiten. Das Bekannte stößt dann an seine Grenzen, dahinter verbirgt sich physisch wie auch psychisch etwas Unbekanntes. Damit verweisen Grenzen und ihre Überwindung auf einen zentralen Punkt der Ro-

mantik, auf die Sehnsucht, in der sich dieses Spiel von Bekanntem und Unbekanntem, von Wissen und Nichtwissen, von Altem und Neuen widerspiegelt.
Novalis' unvollendeter Roman „Heinrich von Ofterdingen“ und die darin beschriebene blaue Blume werden zu einem Symbol der Romantik. Die blaue Blume verweist symbolisch auf jene neuen Erfahrungshorizonte, imaginäre innere wie äußere Grenzen, die es zu überschreiten gilt. Auch ein Auszug aus Wordsworth’s „Memorials of a Tour in Italy“ (1837) kann hier als Beispiel dienen:

> The Muses, as they loved them in the days
> Of the old minstrels and the border bards. –
> But here am I fast bound; and let it pass,
> The simple rapture; – who that travels far
> To feed his mind with watchful eyes could share
> Or wish to share it? – One there surely was,
> ‚The Wizard of the North,‘ with anxious hope
> Brought to this genial climate, when disease
> Preyed upon body and mind – yet not the less
> Had his sunk eye kindled at those dear words
> That spake of bards and minstrels;
> and his spirit
> Had flown with mine to old Helvellyn's brow,
> Where once together, in his day of strength,
> We stood rejoicing, as if earth were free
> From sorrow, like the sky above our heads.

Im Nachfolgenden möchte ich zunächst einige Beispiele für Tolkiens Verwendung des Begriffs der Grenze geben und über diese Beispiele, drei unterschiedliche Kategorien ausweisen, unter denen man diese Nutzung subsumieren kann. Das soll nicht bedeuten, dass es nicht noch weitere Kategorien gibt, die man sinnvoll aufstellen könnte, z.B. soziale Grenzen, aber auch das große Thema von

Diesseits und Jenseits. Beispielhaft hierzu stellt das Wasser eine immer wieder thematisierte Grenze dar, insofern das Meer auf etwas Jenseitiges verweist. Julian Eilmann betont in diesem Zusammenhang: „Auch in Tolkiens Mittelerde-Mythologie ist das Wasser ein Symbol für das transzendente Element der Schöpfung" (Eilmann 2016: 246). Zweifellos lässt sich dies z.B. auch an den Elben und ihrer Überfahrt erkennen. Das Auflösen der Grenze zwischen Diesseits und Jenseits spiegelt sich darin wider. Aber ich denke mit den drei großen von mir im Nachfolgenden ausgewiesenen Kategorien und einer anschließenden besonderen vierten Kategorie, sind die für Tolkien bzw. für die Geschichte von Mittelerde im *Herrn der Ringe* entscheidenden Punkte genannt und lässt sich mein Aspekt gut verdeutlichen.

4 Der Begriff der Grenze im *Herrn der Ringe* im Kontext der Romantik

Die Umwälzung und der beschleunigte Wandel um 1800 führte zur Auflösung einer Vielzahl von Grenzen in sozialer, ökonomischer, künstlerischer, technischer oder wissenschaftlicher Hinsicht. Die Überschreitung, der Wandel und die Veränderung herkömmlicher Werte und Normen, Sichtweisen und des Gewöhnlichen führte zur Spannung zwischen Alteingesessenem und Neuem. In der Geschichtsschreibung wird die Romantik in England wie in Europa insgesamt als age of revolution, age of improvement oder age of science verstanden. So steht beispielsweise die Etablierung des Nationalstaates und seiner Grenzen für das Festhalten am Gewohnten auf der einen Seite, den grenzüberschreitenden und neuen Sichtweisen in Wissenschaft, Technik und darüber auch neuen Theorien des Wandels (Marx/Engels, Darwin) auf der anderen Seite gegenüber.
So kann die Romantik auch als Zeit der Wunder (und der Gefahren) im Hinblick auf technische Erfindungen wie z.B. die Eisenbahn, die Telegrafie oder elektrisches Licht. Durch solcherlei Modernisierungsprozesse wurden Trennungs- wie Differenzierungser-

fahrung ausgelöst, die sich als Grenzen und Grenzüberschreitungen (Transgressionen) bezeichnen lassen. „Denn die Romantik entwickelt eine neue Umgangsform für das, was im Horizont menschlicher Verstehensbemühungen und Sinnsuche aufscheint, sich aber begrifflicher Erklärung entzieht. Es geht dabei um diejenigen Fragen, die als zu ungenau und spekulativ aus der Rationalität der arbeitsteiligen Wissenschaften herausfallen: Fragen nach einem möglichen umfassenden Sinn des Ganzen, nach dem Zusammenhang des Einzelnen mit diesem Ganzen, insgesamt nach Perspektiven jenseits von klaren und deutlichen Begriffen. Konzept und Erfolg der modernen Wissenschaften liegen darin, diese Fragen nicht zu stellen" (Matuschek 2021: 11).

Grenzen sind bei Tolkien und im *Herrn der Ringe* zunächst einmal klassische Grenzen. Länder, Gebiete oder Areale werden durch Grenzen markiert. Aber auch Grenzen des Wissens, die Grenze der bekannten Welt auf Karten, die damit auf Unbekanntes verweisen, sind Beispiele für Grenzen im *Herrn der Ringe*. Grenzen definieren somit die räumlichen Dimensionen von Ereignissen, also wo etwas ist und wo etwas geschieht. Über den Begriff der Grenze wird der geographische Raum von Tolkiens Welt entworfen. So erfährt der Leser über die Erzählung des geographischen Raumes etwas über die Geschichte und die Zusammenhänge, die sich aus z.B. einer Nachbarschaft oder umgekehrt räumlichen Entfernungen ergeben. Neben der augenscheinlichen Karte, die dem *Herrn der Ringe* beigelegt ist, kartographiert der Leser selbstständig den geographischen Raum sowie die darüber vermittelte Beziehung der Figuren und letztlich der Teilerzählungen untereinander.

Darüber wird dann auch nachvollziehbar, dass mit zunehmender Dauer des Textes der Begriff der Grenze seltener genutzt wird. Während es – hier als Referenz die englische Ausgabe mit der Hinterlegung des Begriffes „border" – im „The Fellowship of the Ring" (Prologue-end) noch 51-mal bei 398 Seiten genutzt wird, ergibt dies ein Verhältnis von 12,82 %, sind es in „The Two Tower" noch 22

Treffer bei 321 Seiten (6,85 %) und in „The Return of the King" 14-mal bei 277 Seiten (5,05 %). Für die deutsche Carroux-Ausgabe (E-Book als Referenz) lässt sich vermerken, dass der Begriff im ersten Band noch auf 50 Seiten (von 464 Seiten) 59-mal genutzt wird. Im zweiten Band sind es 18 Seiten mit 19 Fundstellen (305 Seiten) und im dritten Band 11 Seiten mit 11 Treffern (263 Seiten). Die Zahlen über die dezidierte Benutzung des Begriffs der Grenze sollen hier zunächst als Indiz für seine substantielle Verwendung dienen, wie auch die abnehmende Verwendung anzeigt. Die damit zusammenhängenden Beschreibungen, also der umfangreichere qualitative Aspekt, der damit einhergeht, soll im weiteren Verlauf ausgewiesen werden.
Wenn wir uns die Verwendung des Begriffs der Grenze bei Tolkien anschauen, dann lassen sich drei große Bedeutungskategorien formulieren, in der die auftretenden Stellen – zumindest die allermeisten – eingeordnet werden können. Das sind:

- Geographie,
- Macht,
- Unwissenheit/Wissen.

Diese drei Kategorien treten nicht absolut getrennt voneinander auf, sondern meist zusammen oder überschneiden sich, aber in der Regel mit einer Kategorie, die dann etwas dominanter ist.
Wenden wir uns an dieser Stelle den Beschreibungen der Kategorien zu und dem, was ich darunter fasse bzw. das, was man im *Herrn der Ringe* entsprechend finden kann. Im Folgenden sollen die einzelnen Kategorien in diesem Sinne genauer beschaut und expliziert werden.

4.1 Geographie

Unter die Kategorie der „Geographie" fallen Beschreibungen zur Klärung des geographischen Raumes. Der Begriff der Grenze ist sozusagen ein geographischer Ordnungsbegriff. Etwas grenzt an das

Meer oder Gebirge, ein Moor oder einen Wald. So lässt sich beim Lesen im Kopf eine ordnende Karte der Landschaft und der Umgebung entwerfen; oder wie im *Herrn der Ringe* selbst anzutreffen, erhält man tatsächlich noch eine Karte, über die man die Beschreibung des geographischen Raumes und seine Lage selbst nachsehen und -vollziehen kann. Hierzu ein erstes Beispiel:

> „Die Starren hielten sich lange an den Ufern des Großes Flusses Anduin auf und hatten weniger Scheu vor den Menschen. Sie kamen später als die Harfüße nach Westen und folgten dem Lauf der Lautwasser nach Süden; und viele von ihnen wohnten lange dort zwischen Tharbad und den Grenzen von Dunland, ehe sie wieder nach Norden zogen“ (Tolkien 1981a: 17).

Die Grenze ordnet hier den Raum und gibt dem Erzählraum Gestalt. Man erhält als Leser erste Koordinaten, die aber auch eine inhaltliche Seite insinuieren, indem sie Figuren beschreiben, die etwas wissen oder nicht wissen. Auch wird über die Grenzbeschreibung implizit wie explizit eine Opposition angedeutet zwischen dem Hier und dem Dort. Eine geographische Ordnung wird überdies auch in der Einteilung des Auenlandes in vier Teile deutlich.[2]

> „Sie waren weit jenseits der Grenzen des Breelandes in der pfadlosen Wildnis und näherten sich den Mückenwassermooren“ (ebd. 226).

Auch hier zeigt sich diese Funktion des geographischen Grenzbegriffes. Grenze und Raum, Raumüberwindung, Entfernungen sind

[2] Die Aufteilung in vier Teile ist überdies eine Anspielung auf die „Ordered Four“ (Yandell 1992) und dies wiederum ein Anzeichen dafür, dass Tolkien mit dem alten Stilmittel der Zahlenmythologie gearbeitet hat. Zahlen haben im Hobbit und im Herrn der Ringe nicht nur eine formale Bedeutung, sondern verweisen an einigen Stellen auf weitere Geschichten und Erzählungen. Zur Zahlenverwendung im *Herrn der Ringe* und im *Hobbit* siehe ausführlich Bidlo 2012 [2002] bzw. den entsprechenden Aufsatz in diesem Band.

über den Begriff einsehbar. Über den Hinweis der „pfadlosen Wildnis“ wird dabei das Unbekannte, das die Wildnis darstellt, betont. Es ist ein Bereich, der noch nicht begangen wurde.

> „Die anderen waren lange am Flußufer geblieben. Eine Zeitlang hatten sie nicht gesprochen, sondern waren unruhig auf- und abgelaufen; aber jetzt saßen sie im Kreis und unterhielten sich. Immer wieder bemühten sie sich, von anderen Dingen zu reden, von ihrem langen Weg und ihren vielen Abenteuern; sie fragten Aragorn nach dem Reich Gondor und seiner alten Geschichte und den Resten der großen Bauten, die man noch immer in diesem seltsamen Grenzland des Emyn Muil sehen konnte“ (Tolkien 1981a: 484).

Das letzte Beispiel verweist ebenfalls auf die Wanderungsbewegung der Akteure über den geographischen Raum, zugleich wird mit dem „Grenzland“ eine historische Dimension angedeutet und auf die alte Geschichte verwiesen, die dieses „Grenzland“ gestaltet hat. Die rein physische Positionsbestimmung und Wanderungsbewegung der Gefährten wird sozusagen implizit in die Geschichte des Grenzlandes eingeschrieben. Über die Erwähnung der Grenzen werden das Reisen, die Bewegung und das Wandern verdeutlicht, aber auch die eigene Begrenztheit sowie die Welt als Begrenztes und Eingeteiltes ausgewiesen und auf das Andere verwiesen. Als romantisches Beispiel lässt sich das hier Gedicht „An der Grenze“ von Eichendorff anführen. In der deutschen wie englischen Romantik spielen geographische Grenzen eine wichtige, aber leicht unterschiedliche Rolle. Die Wanderungen und Reisen in der Romantik sowie ihre Erzählungen darüber müssen auch deshalb oft Grenzen erwähnen, da es den deutschen Nationalstaat noch nicht gab und das Land aus souveränen Fürstentümern und freien Städten bestand. Wanderte man also eine gewisse Strecke umher, so stieß man zwangsläufig und oft auf Grenzen. Ein Beispiel hierfür ist die Erzählung „Michael Kohlhaas“ von Heinrich Kleist. Kleist lebte zur Zeit der Romantik – 1777-1811 – gilt aber nur zum Teil als ihr Vertreter und wird oft jenseits der etablierten literarischen Lager verortet. Der Protagonist überschreitet bei seiner Wanderung viele geographische Grenzen. Darin liegt, das sei am Rande erwähnt, auch das Thema des romantischen Nationalismus als Wunsch einer gemeinsamen Nation bzw. eines Bundes begründet. Als „Borderland“ wird wiederum in Großbritannien ein Gebiet zwischen England und Schottland bezeichnet. Diese Grenze spielt in mannigfacher Weise in Wordsworth's „The Borderer, a tragedy in five acts“, sowohl in historischer, geographischer, politischer, psychologischer und philosophischer Hinsicht eine wichtige Rolle. Historisch zeigt „The Borderers“ auch Wordsworth Erfahrungen mit der Französischen Revolution, mit der er anfangs sympathisierte. Angesichts der deutlichen Zunahme von Gewalteinsätzen seitens der Revolutionäre wandte er sich jedoch von ihr ab. Das Stück beinhaltet zudem den Aspekt der psychologischen Grenzüberschreitung. „The plot of *The Borderers* is organised round the basic conflict of the play — that is, the attempt made by one person to undermine the moorings of another character's consciousness“ (Jain 1990: 49). In diesem Fall geht es also darum, die psychologischen Grenzen der anderen Person zu untergraben. Die gesamte Handlung spielt sich an der Grenze zwischen England und Schottland ab.

Die geographischen Grenzen weisen damit stets auch über ihre reine geographische Ebene hinaus. Sie verweisen in hermeneutischer Hinsicht auf weitere Aspekte und semantische Verstehensebenen und stehen gerade nicht nur für sich selbst. Der Binnenraum, der durch Grenzen abgesteckt wird, fungiert hierbei als ein Raum, der Handlungssicherheit gibt, da über Erfahrungen, Erwartungen oder Prognosen ein Blick auf das Kommende möglich wird. Und damit verliert das Kommende, wenn es erwartet werden kann, an Schrecken. Dieser Punkt ist nicht nur für die Protagonisten der Geschichte gültig, sondern darüber hinaus auch für den Leser. Denn dieser befindet sich – im zeitlich nachvollziehenden Prozess des Lesens – häufig in „derselben Situation“ wie die Figuren in der Geschichte. Er weiß zunächst noch nicht viel über die Erzählwelt bzw. die erzählte Welt und mit jeder Information kann sich eine innere Karte ausbilden, die sich je nach Erzählschritt und erzählter Information ausdehnt. An den Grenzen bleibt eine bedeutungsoffene Fläche, eine Leerstelle, die mit Ahnungen und Erwartungen gefüllt werden kann. Die Unwissenheit, die über die Grenzerwähnungen aufgeworfen wird, ist damit für den Leser und die Figuren gleichermaßen vorhanden. Über den geographischen Raum und seine Grenzen werden somit zugleich die Aspekte Wissen und Unwissen ins Spiel gebracht, auf die ich später nochmals eingehen werde.

4.2 Macht

Über den geographischen Raum, der durch Grenzen beschrieben und eingefasst wird, entspinnt sich zugleich der Aspekt der Macht. Geographische Grenzen erscheinen bei Tolkien bzw. im *Herrn der Ringe* auch an Grenzen der Macht gebunden. Als ein besonderes Beispiel kann hier ein Zitat gelten, das Tom Bombadil beschreibt und in welchem Tolkien im englischen Original den Begriff „bounds“ nutzt:[3]

> „‚Bombadil ist sein eigener Herr. Doch kann er den Ring nicht verändern und auch seine Macht über andere nicht brechen. Und jetzt hat er sich in ein kleines Land zurückgezogen, dessen Grenzen er selbst festgelegt hat, obwohl niemand sie sehen kann, und wartet vielleicht auf einen Wandel der Zeiten, und er wird diese Grenzen nicht überschreiten.‘ ‚Aber innerhalb dieser Grenzen scheint ihn nichts zu schrecken‘, sagte Erestor“ (Tolkien 1981a: 323).

[3] In der deutschen Ausgabe wird – wie bereits erwähnt – an allen Stellen von „Grenzen“. Tolkien selbst nutzt fast nur den Ausdruck „border“ und hier als Ausnahme den Begriff „bounds“.

Beschaut man diesen Punkt genauer fällt auf, dass Tolkien, wie erwähnt, hier im Originaltext den Begriff „bounds“ nutzt, denn: Tom Bombadil kann seine Grenzen selbst festlegen, er ist kein Festgelegter. Er *bindet* sich an sein Land und die Grenzen, die er dem Land selbst gegeben hat. Die Einschränkungen hat er selbst gesetzt, nunmehr aber sind sie auch für ihn gültig. Seine Macht scheint innerhalb der zuvor von ihm bestimmten Grenzen nahezu grenzenlos, auch wenn dies widersprüchlich klingt. Anders ausgedrückt: Seine Macht ist am Größten innerhalb seiner Grenzen, die er zuvor gezogen hat, nicht aber darüber hinaus. Der Ring hat keine Macht über ihn, aber Bombadil kann auch die Macht des Ringes über andere nicht brechen. An dieser Stelle zeigt sich sehr schön, wie der geographische und der individual-machtspezifische Aspekt ineinander spielen. Zudem zeigt diese Stelle an, dass Grenzen Orientierung, Ordnung und Strukturen geben. Sobald eine Grenze gezogen wird, wird sie zu einem Bezugs- und Navigationspunkt sowohl geographisch wie auch für das Handeln und an dieser Stelle sogar für das eigene Handlungsvermögen. Es ist dieses Zusammenspiel von Widersprüchlichkeiten, die das Romantische an dem Begriff der Grenze verdeutlichen. Grenzen ermöglichen erst das Handeln, bieten Sicherheit und Erwartbarkeit, gleichzeitig begrenzen sie das Handeln aber auch, müssen Grenzen überwunden werden, um zu Neuem, Anderen und Größerem zu kommen. Im Hinblick auf den Machtaspekt bedeutet dies: Die Macht ist in den eigenen Grenzen zwar am größten, wird dadurch aber zugleich begrenzt. Daher strebt Macht meist weiter und darüber hinaus. Tom Bombadil scheint sich dieses Widerspruches bewusst zu sein und akzeptiert die selbst gesetzte eigene Begrenzung, er strebt nicht weiter. An einer anderen Stelle fallen exemplarisch der geographische Raum und die Macht Sarumans zusammen.

> „‚Ich frage mich, ob das eine List des Feindes ist‘, sagte Boromir. ‚In meinem Land heißt es, er könne die Stürme im

Schattengebirge, das an den Grenzen Mordors liegt, lenken. Er verfügt über seltsame Kräfte und viele Verbündete.' ,Sein Arm ist wahrlich lang geworden', sagte Gimli, ,wenn er Schnee vom Norden herabholen kann, um uns hier dreihundert Meilen entfernt zu plagen.'

,Sein Arm ist lang geworden', sagte Gandalf" (Tolkien 1981a: 350-351).

Die Macht Sarumans überschreitet viele Grenzen und ist an dieser Stelle losgelöst von einer räumlichen Begrenzung. Und das wiederum macht seine Macht sichtbar, es unterstreicht seine Kraft, die hier zwar physisch untermalt wird („Sein Arm ist lang geworden"), aber das Besondere dieses Vorgangs drückt sich in der transzendentalen, den geographischen Raum überschreitenden Kraft aus.
Ein anderes Beispiel für Macht und Grenzen finden wir im nächsten Beispiel.

„,Aber wir hören, daß Lórien noch nicht verlassen ist, denn es gibt hier eine geheime Macht, die das Böse vom Land fernhält. Das Volk von Lórien ist indessen selten zu sehen, und vielleicht wohnt es jetzt tief in den Wäldern und weit von der nördlichen Grenze'" (Tolkien 1981a: 408).

Und eine weitere Stelle etwas später in dieser Szene:

„Wölfe heulen an den Grenzen des Waldes" (ebd. 415).

Sinnfällig und offensichtlich wird hier von Macht gesprochen, die das Böse fernhält, aber eben nur in den Grenzen von Lórien. Die Wölfe sind hier tatsächlich wie auch metaphorisch als das Andere, das Böse oder als Unordnung und Bedrohung zu verstehen, zumindest aber als deren Anzeichen. Umgekehrt entsteht über Ordnung auch Macht, die wiederum zur Sicherheit und Erwartbarkeit führen kann.

So ist auch hier deutlich, dass dasjenige, was durch Grenzen eingefasst ist, in gewisser Hinsicht auf Macht fußt. Nicht die Macht wird von den Grenzen bestimmt, sondern es sind hier vor allem die Grenzen der Macht, die angezeigt werden. Wenn die Macht gebrochen ist, fallen auch die Grenzen und werden dann nur noch zu einer geschichtlichen Beschreibung einer Vergangenheit, die eben das ist – Vergangenheit. An den Elben lässt sich dieser Zusammenhang von Grenzen und Macht insgesamt sehr gut einsehen. So wie ihre Macht im Dritten Zeitalter abnimmt, so sind es auch die geographischen Räume, die von den Elben kontrolliert werden, die weniger und verlassen werden. Kontrolle ist sozusagen der handlungsspezifische Raum der Macht. Handlungsraum ist Machtraum. Und das Imaginäre, das der Macht innewohnt, kondensiert an den physischen Grenzen des Raumes: einem Wald, einem Berg, Fluss oder dem Meer. An dieser Stelle lässt sich zumindest hinsichtlich Macht auch nochmals an Wordsworth „The Borderers" verweisen. Dort wird über das Grenzland zwischen England und Schottland ein einheitlicher Handlungsort gewählt. In diesem spielt sich dann die Handlungen der Akteure und mithin das oben kurz erwähnte psychologische Machtspiel ab. Tolkien bricht diese Einheit von Handlungs- und Wirkungsort und darin liegt ja auch ein phantastisches Element des *Herrn der Ringe*.

Vor diesem Hintergrund wird dann auch Gimlis Verwunderung in Bezug zu Saruman (nicht auf die Elben bezogen) im vorherigen Zitatbeispiel deutlich. Sarumans langer Arm greift auf geographische Räume zu, die unmittelbar und vor Ort eigentlich kaum als Macht- und Handlungsräume Sarumans zu erkennen sind. Das Verwunderliche und vielleicht auch Magische ist hier, dass Saruman tatsächlich physisch über den Raum hinweg – also *grenzenlos* – handelt.

Macht wird hier bei Tolkien als etwas Unsichtbares, als eine Form des Äthers angesehen, der sich unsichtbar auf den Raum legt, gleichwohl aber meistens in geographischen Ausdrucksweisen sichtbar wird. Der geographische Raum dient dergestalt als sichtbares Anzeichen von Macht. Das Machtzentrum wiederum liegt in den Personen (Saruman, Gandalf, Tom Bombadil, den Elben oder Sauron) begründet oder als Besonderheit bei Sauron über den Ring als Vermittler. Macht kann und drückt sich nicht nur über den Raum aus und schreibt sich in diesen ein, sie kann auch bis zu einem gewissen Grad in Artefakte gebunden werden (man denke zum Beispiel nicht nur an die Ringe, sondern auch an Galadriels Phiole, die sie Frodo schenkt). Macht meint hier also auch Handlungsfähigkeit und Handlungsvermögen. Hinter der Grenze verliert sich ein gewisses Maß an Macht, man ist machtloser als in seinen geographischen Grenzen, die man vielleicht auch sein Zuhause nennt. Das wiederum bringt uns zum Aspekt des Wissens. Denn es ist weniger eine Form von Magie als vielmehr eine Form des Wissens über den Raum, die dafür sorgt, dass Macht ausgeübt werden kann. Auch hier spielt der Faktor „Zeit" eine wichtige Rolle: Die Wesen, die deutlich älter oder gar unsterblich sind, haben möglicherweise auch Kenntnisse über Grenzen und/oder „entgrenzte" Handlungsräume, die den „jüngeren" Wesen unbekannt sind. Macht drückt sich daher auch über eine Handlungsfähigkeit und über das Wissen einer solchen innerhalb der eigenen Grenzen aus, denn Wissen reduziert – wie bereits erwähnt – Unsicherheit.

4.3 Wissen/Nichtwissen[4]

Was hier bereits unter dem Aspekt der Macht subsumiert wurde, kommt auch bei der dritten Kategorie zum Tragen und zeigt überdies, dass die drei Kategorien meist allesamt anwesend sind, in der jeweils konkreten Szene meist nur eine prominenter bzw. bedeutungsschwerer ist als die andere.[5] Macht spielt natürlich auch auf Wissen an: Wissen ist Macht, auch wenn uns spätestens seit Michel Foucault auch der umgekehrte Bezug „Macht ist Wissen“ deutlich geworden ist. Es sei an dieser Stelle kurz darauf verwiesen, dass der Wissensbegriff bei Tolkien sehr vielfältig ist und hier letztlich eine Umkehrung des Prinzips von Wissen ist Macht stattfindet, indem jene, die am wenigsten Wissen haben, sich am besten gegen den Einfluss des Ringes wehren können; und gerade jene, die viel Wissen und viel Macht besitzen, von der transformativen Kraft des Ringes ins Negative besonders bedroht bzw. für diese negative Kraft besonders empfänglich sind. So sind es umgekehrt die unbedarften und nur begrenzt wissenden Hobbits, die besonders unempfindlich gegenüber der Macht des Ringes sind und ihm ungewöhnlich lange widerstehen können – das wiederum verwundert Gandalf wie Elronds Rat und die gesamte Gemeinschaft. Es finden sich eine Reihe von Textstellen im *The Lord of the* Rings, die ein (implizites) Plädoyer für ein gesundes Unwissen erkennen lassen. Erklärbar und deutbar wird das vor allem dann, wenn man die Implikationen markiert, die mit Wissen und Macht einhergehen: Es ist die Verantwortung, die mit dem Wissen einhergeht; angezeigt ist somit ein in gewisser Hinsicht ethisches Konzept von Wissen. Der Wissende ist angehalten, sein Wissen um die Welt und das Handeln richtig und gut einzusetzen. Wissen ist verknüpft mit Macht und Verantwor-

---

[4] Vgl. hierzu auch der Aufsatz unter Kapitel 6 in diesem Band.

[5] Letztlich liegt der Grund dafür in dem Prozess der Kategorienbildung selbst. Denn Kategorien oder kategoriale Formen sind immer auch ein künstlicher Eingriff. Kategorien separieren etwas, das eigentlich nicht unverbunden ist. Daher ist der Prozess der Kategorisierung so angelegt, dass in einem ersten Schritt die Analyse den Text in Teile (Kategorien) gliedert, aber bei genauer Hinsicht und in einem zweiten Schritt dann die Überschneidungen und Verwicklungen der einzelnen Teile sichtbar werden.

tung, ein Konzept, das man mit der zunehmenden Industrialisierung und den mitunter auch negativen Folgen des technischen Fortschritts im 19. Jahrhundert beobachten kann. Nicht nur die Wissenden besitzen immer nur ein Wissen mit einer gewissen Reichweite. So betont Tom Bombadil – und hier kommen wir auch unserem Thema „Grenze" wieder näher:

> „Aber verlasst euch nicht auf meine Vermutung; denn genau weiß ich es nicht. Fern im Osten versagt mein Wissen. Tom ist nicht Meister der Reiter vom Schwarzen Land weit jenseits dieses Landes" (Tolkien 1981a: 185).

Wissen selbst trägt, wenn es zur Anwendung kommt, eine gewisse Reichweite, die im Sinne ihrer Bedeutung (z.B. gut, schlecht, erwünscht, nicht erwünscht) sozial festgelegt wird. Hinsichtlich des einen Ringes, der große Macht mit sich bringt, aber auch das Potential zum Korrumpieren einer Person, ist die Reichweite Mittelerde umfassend. Tolkien löst das Problem der Unterstellung von Schwäche und dem Verlust eigener Verantwortung, indem er dem *Einen Ring* ein gewisses Maß an Eigenleben und auch Restleben seines ursprünglichen Besitzers und Schöpfers zuweist. Der Ring ist dergestalt gar nicht neutral und verantwortungsvoll zu nutzen, da er eine solche Nutzung per se ausschließt. Damit verleiht der Ring in erster Linie selbst keine Macht, sondern korrumpiert die Macht, die sein Träger ohnehin besitzt; er wendet das Wissen und die damit einhergehende Macht seines Trägers, verformt sie ins Verantwortungslose und mithin Böse. Aus diesem Grund kann ein relativ wissen- und machtloses Wesen wie ein Hobbit auch so lange dem Bösen widerstehen (vgl. Bidlo 2016). Und darin spiegeln sich zwei romantische Motive deutlich wider: Zum einen der Aspekt der Kritik am Verstand und verstandesmäßiges Wissen. Nicht Wissen, das aus dem Verstand entsteht, führt zur Macht oder kann sich der Macht erwehren. Zum anderen ist es gerade die bodenständige, alltägliche und auch etwas naive Vorstellung von Welt und Wissen (also antiklassisch, wie es die Romantiker verstanden), die der Macht widerstehen. Gerade in der Romantik sind es nicht die Intellektuellen und Gebildeten, sondern das „einfache Volk“, dem eine besondere Rolle zugemessen wird. Es gilt als das Eigentliche und Wahrhaftige. Aus diesem Grund spielen Volksmärchen (vgl. z.B. die gesammelten Volksmärchen der Gebrüder Grimm) und volksnahe Protagonisten (der Malergeselle Franz Sternbald in „Franz Sternbalds Wanderungen“ von Ludwig Tieck oder der Sohn eines Müllers in Joseph von Eichendorffs „Aus dem Leben eines Taugenichts“) in der Romantik eine wichtige Rolle. In den „einfachen“ Leuten und ihrem Handeln spiegelt sich das wahre und naturnahe wahre Leben (man denke an Rousseaus programmatisches und auf die Romantik einflussreiches „Zurück zur Natur“). Wordsworth z.B. galt als Verfechter der Verwendung des Vokabulars und der Sprache des einfachen Volkes in der Dichtung.

Kommen wir zurück zum Thema „Grenze“. Der Grenzbegriff wird oft auch dazu genutzt, um Wissen und Unwissen darzustellen oder auszuweisen. Den „erzählten“ geographischen Grenzen kommt dabei auch eine maßgebliche Bedeutung quasi als Stilmittel des Spannungsaufbaus in Hinblick auf die Textgestaltung zu: Das Ungewisse, Unglaubliche, Ungewusste sind jene Dinge, die Angst machen, Spannung erzeugen, Neugierde wecken und mithin den Leser wie auch die Protagonisten auf der Textebene antreiben, die Grenzen zu überschreiten und weiterzugehen. Besonders die Literatur des 19. Jahrhunderts – die der Romantik einbegriffen – erzählt von der Infragestellung des bis dahin scheinbar Sicheren und der damit einhergehenden Ungewissheit. Dazu gehört z.B. die regulative Idee einer kausalen Ordnung der Dinge (vgl. Schmitz-Emans 2004: 18). Die Überschreitung und Durchwanderung von Grenzen können im *Herrn der Ringe* romantisch gelesen werden als der Überwindungsimpuls der zuvor als sicher geglaubten Ordnung. Nichts zeigt dies besser als die bürgerlich zu nennende Ordnung der Hobbits, aus deren Perspektive der Leser seine Reise im *Herrn der Ringe* beginnt. Mit jeder Grenzüberschreitung wird die alte als sicher geglaubte und erfahrene Ordnung als eine veränderbare und wandelbare Ordnung verstanden.

Ein Beispiel für die Form der *Limitierung* zeigt sich in folgendem (und einzigen) Beispiel, das im englischen Original mit dem Begriff „limit" arbeitet.

> „‚Der Wind steht im Westen', sagte Sam. ‚Wenn wir auf die andere Seite dieses Bergs gehen, finden wir eine Stelle, die ganz geschützt und versteckt ist, Herr. Da vom ist ein trockener Tannenwald, wenn ich mich recht erinnere.' Sam kannte das Land auf zwanzig Meilen im Umkreis von Hobbingen gut, aber das war die Grenze [limit, O.B.] seiner Geographie" (Tolkien 1981a: 97).

Auch wenn es zunächst den Anschein hat, dass es hier doch um Geographie gehe, charakterisiert diese Darstellung doch vor allem das Wissen des Hobbits, der bisher in engen geographischen wie auch Wissensgrenzen gelebt hat. Sam hat Wissen und Erfahrung über das Land, dort kennt er die Wege, weiß, was ihn hinter dem nächsten Baum, Hügel oder Anhöhe erwartet. In diesem Rahmen kann er sich sicher und ohne große Probleme bewegen. In der Romantik galt das Reisen auch und vor allem der Erweiterung des eigenen Horizonts. Aus diesem Motiv speist sich Ende des 18. Jahrhunderts in Deutschland die Entstehung einer eigenen Romangattung, die des „Bildungsromans"[6]. Der Protagonist durchlebt hier eine Entwicklung die maßgeblich durch seine Reise durch den Raum und sein Verhältnis zu ihm bestimmt ist. Über das Reisen und die dort gemachten Erfahrungen wächst die Person. So überschneiden sich einsichtig das mittelalterliche Motiv der Queste sowie das Reisemotiv der Romantik, das wiederum eine Neubestim-

[6] Der Begriff „Bildungsroman" wurde erstmals von Karl Morgenstern (1770-1852) verwendet. Zum Bildungsroman und seinen Ursprüngen siehe Selbmann 1994.

mung der Heldenreise darstellt. Für die hier verhandelte Dimension der Grenze soll allerdings die rein bildungsbezogene Entwicklung nur eine nebensächliche Rolle spielen. Die nachfolgende Stelle weist ebenfalls auf die Wissensdimension von Grenzen hin.

> „Wenig kümmerten wir uns um das, was jenseits unserer Grenzen lag. Lieder haben wir, die von diesen Dingen berichten, aber wir vergessen sie, nur unsere Kinder lehren wir sie, ein Brauch, über den man nicht viel nachdenkt“ (Tolkien 1981b: 175).

Auch wenn hier nicht explizit von Wissen die Rede ist, ist es einsichtig, dass diese Stelle auch in die Kategorie Wissen eingeordnet werden kann. Das, was jenseits der Grenzen liegt, wurde vergessen bzw. ist nur noch fragmentiert vorhanden in Form von Inhalten, die als Geschichten den Kindern erzählt werden. Es ist ein Brauch, eine Routine, das Wissen selbst wird kaum mehr aktualisiert. Wissen bezieht sich in erster Linie auf das, was innerhalb der geographischen Grenzen bedeutsam ist. Das Jenseitige behält man meist nur dann im Blick, wenn es sich der eigenen Grenze nähert.
Auch in Bezug zu dieser Kategorie wird der bereits erwähnte Aspekt der Ordnung deutlich: Innerhalb einer Grenze gibt es einen Ordnungsrahmen, man weiß Dinge zu erwarten und umgekehrt hat man Wissen darüber, was von einem erwartet wird. Eine solche *Erwartungserwartung* – um es einmal mit einem Ausdruck der soziologischen Systemtheorie zu illustrieren – führt zur Stabilisierung sozialer Situationen, weil Erwartungen Komplexität reduzieren. Das Außen wird ab einer „kritischen“ Menge zu einer Störung der Ordnung und bringt damit Verunsicherung mit sich.
Aus der Innenperspektive der Grenzen auf das Dahinterliegende kann wiederum eine Neugierde und Sehnsucht entstehen. Das Fremde kommt also nicht ins Gewohnte, sondern man macht sich auf und reist dem Fremden und Unbekannten entgegen.

> „Frodo wurde von Unruhe gepackt, und die alten Pfade erschienen ihm zu ausgetreten. Er betrachtete Landkarten und fragte sich, was wohl jenseits der Grenzen läge: die im Auenland hergestellten Karten zeigten dort zumeist weiße Flecke“ (Tolkien 1981a: 62).

Der nächste Textausschnitt stellt ebenfalls ein gutes Beispiel für die Verbindung der beiden Kategorien Geographie und Wissen bzw. Nichtwissen dar.

> „‚Wir in Minas Tirith haben allerdings von Fangorn gehört‘, sagte Boromir. ‚Aber das, was ich gehört habe, scheinen mir zum größten Teil Ammenmärchen zu sein, wie wir sie unseren Kindern erzählen. Alles, was nördlich von Rohan liegt, ist jetzt so weit entfernt für uns, daß sich die Phantasie dort ungehindert ergehen kann. Einstmals lag Fangorn an den Grenzen unseres Reichs; doch ist es jetzt viele Menschenalter her, daß einer von uns es besuchte, um die Sagen zu bestätigen oder zu widerlegen, die aus alter Zeit auf uns gekommen sind. Ich selbst war bisweilen in Rohan, bin aber nie weiter nach Norden gekommen‘“ (Tolkien 1981a: 451).

Hier wird die Verbindung von Geographie, Wissen und Nichtwissen deutlich sichtbar. Aus dem einst Gewussten sind Sagen geworden, die man jetzt nicht mehr bestätigen oder widerlegen kann oder will. Man weilt in altem Wissen, aber es scheint auch so, dass eine Aktualisierung des Wissens nun auch nicht mehr nötig ist. Dazu müssten die geographischen Grenzen verlassen werden (hier: Fangorn zu besuchen). Aber man bleibt lieber innerhalb seiner Grenzen. Und das Wissen wandelt sich und wird zu Sagen und Legenden, die – mit Bezug auf das vorherige Zitat – den Kindern erzählt werden. Ein damit immer wiederkehrender Referenzpunkt, das die drei genannten Kategorien quasi zusammenbringt, ist das romantische Motiv des Reisens (und nicht allein der mittelalterlichen Queste) in seinen unterschiedlichen Ausprägungen.

4.4 Zusammenführung

Die Romantik – und das ist mein Punkt in dieser kurzen Bezugnahme – ist in besonderem Maße gekennzeichnet durch den Prozess der Grenzüberschreitung und darüber auch der Grenzerfahrung. Raumgrenzen, Grenzen des Wissens und der Macht, Grenzen der Erfahrungen und das gewollte oder ungewollte Überschreiten solcher Grenzen. Wenn Tolkien explizit auf Grenzen, Grenzerfahrungen und Grenzüberschreitungen hinweist sowie darüber auch auf sublime Prozesse im *Herrn der Ringe* verweist und diese einen konstitutiven Teil seiner Geschichte im *Herrn der Ringe* ausmacht, dann spiegelt sich darin mehr als deutlich das Romantische wider; weniger in einer befürwortenden und progressiven Form, als vielmehr in einer konstatierenden Form, die sich z.B. in Sams Charakter zeigt. Die Grenzüberschreitungen sind keine aus der eigenen Erkundungslust gewachsenen, sondern notwendige und der Zeit (und dem Zeitalter) geschuldete Grenzüberschreitungen.
Eine appellative und normative Ebene erhält die Erzählung dann darüber, dass über die Struktur und Form der Grenzbewegungen in Bezug zur Macht und zum Wissen die Sache auf den Kopf gestellt wird und damit übrigens das romantische Motiv der Rationalismuskritik einzieht: Nicht die klügsten, rationalsten und die mit dem meisten Wissen versehenen sind jene, die transgressives Erkennen leisten, sondern umgekehrt jene, die urwüchsig und mit offenem Herzen der Welt und den darin befindlichen Geschöpfen begegnen. So wird nicht das Wissen, sondern das Gewissen zu einer Tugend, nicht die Rationalität, sondern die Emotionalität führt zu einem Erkennen, das sich vom rationalen Wissen abgrenzt. Ein Gedicht, das programmatisch die Rationalität und der Verstand auf der einen Seite und das Phantastische, Märchenhafte und Gefühl auf der anderen

Seite gegenüberstellt, ist „Wenn nicht mehr Zahlen und Figuren“ von Novalis:

Wenn nicht mehr Zahlen und Figuren
Sind Schlüssel aller Kreaturen,
Wenn die so singen oder küssen
Mehr als die Tiefgelehrten wissen
Wenn sich die Welt ins freie Leben,
Und in die ‹freie› Welt wird zurückbegeben,
Wenn dann sich wieder Licht und Schatten
Zu echter Klarheit werden gatten
Und man in Märchen und Gedichten
Erkennt die ‹alten› wahren Weltgeschichten,
Dann fliegt vor Einem geheimen Wort
Das ganze verkehrte Wesen fort.

Auf der romantischen Vorderbühne – begrifflich angespielt sei hier auf das Vorder- und Hinterbühnenkonzept des Soziologen Erving Goffman – findet sich bei den Romantikern dann eine folgende Pointierung: Die Naturerfahrung und -poesie zeigen sich anschaulich bei u.a. Eichendorff, die Historizität bei Friedrich Schlegel, der in seinen *Aphorismen* die entsprechende Formel „Der Historiker ist ein rückwärts gekehrter Prophet“ prägte. Das Übernatürliche wird eindrücklich bei E.T.A. Hoffmann sichtbar und der romantische Zentraltopos des Wanderers sowie die Sehnsucht offenbaren sich z.B. in Novalis’ *Heinrich von Ofterdingen* oder *Hymnen an die Nacht* sowie auch in Caspar David Friedrichs Gemälde *Der Wanderer über dem Nebelmeer.* Das Schaurige lässt sich beispielhaft in *The Monk* von Matthew Lewis aufzeigen. Wenn diese romantischen Aspekte nun das offenkundig Phantastische als Vorderbühne darstellen, dann stellen die Grenzen und Grenzüberschreitungen sowie die damit verbundenen erzählerischen Bewegungen die romantische Hinterbühne dar. Die romantische Vorderbühne lässt sich im

Herrn der Ringe detektieren bzw. entdecken. Aber mehr noch zeigt sich dort über das Motiv der Grenze und der Grenzüberschreitung die romantische Hinterbühne. Tolkiens Erzählung *Der Herrn der Ringe* selbst ist dabei weder explizit noch implizit ein Plädoyer für die Grenzüberschreitung, sondern eher eine Zustandsbeschreibung eines Zeitalters (3. Zeitalter), das am Übergang zu einem neuen steht. Das 3. Zeitalter stellt ja den Übergang zu einem besonderen Zeitalter dar, nämlich zum 4. Zeitalter, das auch als das goldene Zeitalter der Menschen bezeichnet wird. Über den Begriff der Grenze und die sichtbaren Grenzgängen ist der Erzählung dergestalt implizit die Romantik eingeschrieben.

5. Abschluss

Zusammengefasst ging es in dem Beitrag um Folgendes: Als Grundlage und Ausgangspunkt ist der Grenzbegriff als ein romantisches Beschreibungsinstrument zu verstehen. Die Romantik ist und war in vielerlei Hinsicht eine grenzüberschreitende Bewegung: sowohl geographisch, theoretisch, in Abgrenzung zur klassischen Antike, Aufweichung der Trennung von Jenseits und Diesseits, aber auch konzeptionell in Form „neuer" Textgattungen (zum Beispiel romantischer Mythopoetik) oder Synthetisierungen. Damit ist der Grenzüberschreitung auch immer der Aufbruch hin zu etwas Neuem inhärent. Das Neue ist dann nicht ganz neu, sondern gleichwohl entstanden aus dem Alten und steht in Bezug zu diesem.
So wie Tolkien auf das Mittelalter anspielt bzw. dieses als Hintergrundfolie in Szene setzt, ist es eine nahezu typische klassische romantische Form der Hinwendung und Auseinandersetzung. Denn in der Romantik ist das (romantisierte) Mittelalter der Kontrapunkt zur klassischen Antike und stellt einen Sehnsuchtsort dar.
Über einen zunächst vielleicht eher unscheinbaren Begriff wie „Grenze" kann man, wenn man diesen und seine Verwendung im Kontext des *Herrn der Ringe* betrachtet, etwas darüber in Erfahrung bringen, wie stark gliedernd und lenkend ein solcher Begriff und

seine Bedeutungsdimensionen sein können und wie darüber eine romantische Haltung Eingang finden kann. Die Grenze ist hier eben nicht nur der geographische Raum, sondern beinhaltet latent oder deutlich sichtbar den Machtaspekt und dieser wiederum wird auch über den Aspekt des Wissens oder eben des Nichtwissens unterlegt.

Vom Anfang bis zum Ende des ersten Bandes ist der Begriff der Grenze im ersten Band präsent und gestaltet den erzählerischen Rahmen. Das erklärt auch, dass in den beiden weiteren Bänden der Begriff der Grenze zunehmend weniger genutzt wird.

Sowohl die geographischen als auch die macht- und wissensspezifischen Funktionen sind für die Entwicklung im ersten Band wichtig, nicht aber mehr so bedeutsam in Band 2 und 3, da die beiden Bände auf die erfolgte Entwicklung aufbauen können. Das „Spielfeld" ist abgesteckt und darüber auch die Macht oder die Machtlosigkeit der Akteure ausgewiesen.

Es lässt sich darüber hinaus aber auch anzeigen, dass Tolkien selbst einen weiteren Grenzbegriff ausweist: Es sind die Grenzen zwischen Realität und Fiktion, die er ausdrücklich im Vorwort thematisiert, wenn er davon spricht, dass Mittelerde letztlich eine Chronik darstelle und mithin es gar nicht so sehr darum geht, dass es eine fiktive Welt sei. Gerade die Grenze zwischen phantastischer und realistischer Literatur wird hier als Thema aufgezeigt, auch wenn es Tolkien zunächst einmal nur darum geht, dass ein solches Konzept vor allem im Mittelalter ein Gängiges war. Das, was man zu sagen hatte, konnte durch den Hinweis auf eine Chronik, auf etwas Geschriebenes, das man selbst gelesen hatte, mit Legitimität, also Wahrheit bzw. Wahrhaftigkeit aufgeladen werden.

Man verwies also darauf, dass man den Text nicht selbst erschaffen habe (er also nicht der eigenen Phantasie entsprungen sei), sondern von einem anderen stamme, der das Geschehen tatsächlich erlebt und als Chronist festgehalten habe. Das Thema, das sich darin widerspiegelt und von Tolkien auch in seinem Aufsatz „On Fairy-stories" behandelt wurde, ist die Frage danach, ob denn die Lektüre phantastischer, märchenhafter Literatur eine Flucht aus der realen Welt sei. Tolkien negiert das nicht, stellt aber eine solche Flucht – die ja auch den Romantikern immer wieder als Eskapismus vorgeworfen wurde – nicht als eine negative Weltflucht dar, sondern als eine, bei der es es sich um eine Flucht aus einem Gefängnis handelt. Ein Gefängnis wiederum ist ein physisch oder psychisch eingegrenzter Raum. Mittelerde bzw. die Lektüre von Geschichten aus und über Mittelerde sind demnach bereits der erste Schritt aus diesem Gefängnis und damit ein Schritt über eine Grenze, hinter der sich jenseitig möglicherweise eine größere Freiheit verbirgt, als wir uns vorstellen können, wenn wir allein in der Welt der Realität verhaftet bleiben. Schließen möchte ich diesen Punkt und diesen Beitrag mit einem Zitat von Colderidge ausklingen lassen, der in Bezug zu Shakespeare, den entworfenen, über unsere Grenzen reichenden Welten und unserer Stellung dazu, betont:

> "Its [superiority] influence is abundantly proved by the one circumstance, that it can bribe us into a voluntary submission of our better knowledge, into suspension of all our judgement derived from constant experience, and enable us to peruse with the liveliest interest the wildest tales of ghosts, wizards, genii, and secret talismans. On this propensity, so deeply rooted in our nature, a specific dramatic probability may be raised by a true poet, if the whole of his work be in harmony: a dramatic probability, sufficient for dramatic pleasure, even when the component characters and incidents border on impossibility" (Colderidge 1962: S. 189).

Und damit wird überdies eine Brücke geschlagen zum Ende dieses Streifzuges, indem all das Phantastische und Erdachte nicht einfach nur der Unterhaltung, Versenkung und der *Flucht* dient, sondern eine *Wirkung* in der sozialen Welt hat, wirksam ist und nicht bloßes abseitiges Gestalten von Sekundärwelten. Diese Sekundärwelten und insbesondere ihre Grenzen zur alltäglichen Welt werden zunehmend brüchig und treten in Wechselwirkung mit unserer Welt, die wir die Realität nennen.

Literatur

Bidlo, Oliver (2011a): Mittelerde als Ausdruck romantischer Kreativität und Sehnsucht. In: Hithers Shore. Vol. 7. Tolkien und Romantik. Hrsg. Deutsche Tolkien Gesellschaft. Scriptorium Oxoniae, Düsseldorf, 32-47

Bidlo, Oliver (2011b): Tolkien und der Jugendstil. In: Bidlo, Oliver, Eilmann, Julian, Weinreich, Frank (Hrsg..) (2011), Zwischen den Spiegeln. Neue Perspektiven auf die Phantastik. Oldib Verlag, Essen, 117-130

Bidlo, Oliver D. (2012 [2002]): Mythos Mittelerde. Über Hobbits, Helden und Geschichte in Tolkiens Welt. Oldib Verlag, Essen

Bidlo, Oliver D. (2013 [2003]): Sehnsucht nach Mittelerde? Oldib Verlag, Essen

Bidlo, Oliver (2016): Die Bedeutung von Wissen in der Fantasy am Beispiel des *Herrn der Ringe*. In: Ferstl, Paul, Walach, Thomas, Zahlmann, Stefan (Hrsg.): Fantasy Studies. Ferstl & Perz Verlag, Wien, 37-62

Colderidge, Samuel Taylor (1962): Biographia Literaria 2. Oxford University Press, Oxford

Eichendorff, Joseph von (1970): Werke. Bd. 1, Winkler, München

Eilmann, Julian (2016): J.R.R. Tolkien: Romantiker und Lyriker. Oldib Verlag, Essen

Matuschek, Stefan (2021): Der gedichtete Himmel. Eine Geschichte der Romantik. C.H. Beck. München

Novalis (1978): Werke, Tagebücher und Briefe Friedrich von Hardenbergs. Volume 1-3, Hanser, München

Schmitz-Emans, Monika (2004): Einführung in die Literatur der Romantik. Wissenschaftliche Buchgesellschaft, Darmstadt

Selbmann, Rolf (1994): Der deutsche Bildungsroman. Metzler, Stuttgart, Weimar

Tolkien, J.R.R. (1981a): Der Herr der Ringe. Band I. Die Gefährten. Klett-Cotta, Stuttgart.

Tolkien, J.R.R. (1981b): Der Herr der Ringe. Band II. Die zwei Türme. Klett-Cotta, Stuttgart.

Tolkien J.R.R. (2014): On Fairy-stories. HarperCollinsPublisher, London

Wordsworth, William (1940-1949): The Poetical Works, edited from the manuscripts with textual and critical notes by E. de Selincourt and Helen Darbishire, vol. 1–5, Clarendon Press, Oxford

Yandell, Stephen (1992): „A Pattern Wich Our Nature Cries Out For“: The Medieval Tradition of the Ordered Four in the Fiction of J.R.R. Tolkien. In: Proceedings of the J.R.R. Tolkien Centenary Conference. Keble College, Oxford, 1992, 375-392

10. Das Ende des Weges als Aufbruch

„So endete der Streifzug, und keine Kunde davon gelangte jemals nach Mordor oder Isengart“, so zumindest kann man mit einer kleinen Anleihe an das Ende des dritten Kapitels im zweiten Band des *Herrn der Ringe* das Ende dieses Streifzuges durch Mittelerde einläuten. Die Aufsätze, Vorträge und Essays wurden zu verschiedenen Zeiten und zu unterschiedlichen Anlässen verfasst. Die thematische Breite zeigt an, dass Tolkiens Werk rund um die Welt Mittelerde vielfältigen thematischen Zugriff bietet. Tolkien hat nicht nur sein ganzes Leben daran gearbeitet, sondern auch sein vielfältiges akademisches Wissen dort eingearbeitet. Natürlich lassen sich seine Werke als Unterhaltungsliteratur lesen und man wird zweifelsfrei auch gut unterhalten. Darüberhinaus bieten sie jedoch viele weitere Schätze, die seit nunmehr knapp 70 Jahren über sekundäranalytische Arbeiten über sein Werk gehoben werden. Darunter sind literaturwissenschaftliche, linguistische, mediävistische, medienwissenschaftliche, soziologische, kunst- und kulturwissenschaftliche und zeitgeschichtliche Arbeiten, die aufzeigen, wie mannigfach Tolkien sein Wissen und seine Quellen verarbeitet hat. So ist sein Mittelerde-Werk ein ideales Beispiel dafür, wie Autor, Werk und Rezeption zu immer *neuen* popkulturellen Formen verschmelzen und verwoben werden. Die hier verhandelten Aspekte weisen einen kleiner Teil dieser facettenreichen Auseinandersetzung mit Tolkien aus. Die heute crossmediale Auseinandersetzung mit seinem Werk, seien es Filme, Serien, Computer-, Karten- oder Brettspiele sollten nicht nur als eine Kommerzialisierung des vorhandenen Werkes gelesen werden. Vielmehr unterstreichen sie, dass Fantasy – deren großer Vertreter Tolkien ohne Frage ist – heute mehr denn je ausgebrochen ist aus dem phantastischen Gefängnis und eine alltägliche *Wirksamkeit* erreicht haben. Dabei wäre – und das ist ein Ausblick und Hinweis auf weitere Impulse – nach der Reichweite und der Wirkung eines solchen Ausbruch zu fragen. Durch die digitalen Medien und die darüber distribuierte Kommunikation findet Fantasy heute in der intersubjektiv geteilten Wirklichkeit statt und wird dort geronnene und empirisch erfahrbare Wirklichkeit. Fan-Fiction, reale Artefakte, Kostüme, Conventions, LARP's, Spiele oder die Bezugnahmen in Diskussionen, politischen Kommentaren usw. verweisen auf ihren Realitätscharakter.[1]

Sicher ist, dass Tolkiens Werk auch in den nächsten Jahren und Jahrzehnten einen wesentlichen Einfluss auf diese Entwicklung haben wird.

[1] Vgl. hierzu meinen in Vorbereitung befindlichen Band „Ausbruch des Phantastischen“ (i.V., 2023).

Nachweise

Alle Aufsätze wurden für diesen Band mal mehr mal weniger überarbeitet, zwei speziell für diesen Band originär geschrieben, zwei weitere basieren auf unveröffentlichten Vorträgen und sind als Aufsätze hier erstmals abgedruckt. Einleitung und Abschluss (Kapitel 1 und 10) verstehen sich nicht als eigenständige Aufsätze, sondern sind Moderationen für diesen Band.

- Wanderer durch die Zeitalter. Original.
- Zahlenmythologie in Tolkiens Welt: Zuerst als Vortrag auf der RingCon 2002 in Bonn. Mit Entlehnungen aus dem Buch „Mythos Mittelerde. Über Hobbits, Helden und Geschichte in Tolkiens Welt". Als ausgearbeiteter Aufsatz original.
- Verbotene Pfade nach Mittelerde: Zuerst erschienen in Hither Shore Band 1 (2004), S. 25-35.
- Von Spuren, Zeichen und Fährten – Profiling im Herrn der Ringe: Zuerst als Vortrag auf der RingCon 2012 in Bonn. Als ausgearbeiteter Aufsatz original.
- Die Bedeutung von Wissen in der Fantasy am Beispiel des *Herrn der Ringe*. Zuerst erschienen in: Ferstl, Paul, Walach, Thomas, Zahlmann, Stefan (2016) (Hrsg.): Fantasy Studies. Ferstl & Perz Verlag, Wien, S. 37-62.
- Tolkien und der Jugendstil. Zuerst erschienen in: Bidlo, Oliver, Eilmann, Julian, Weinreich, Frank (2011) (Hrsg.): Zwischen den Spiegeln. Neue Perspektiven auf die Phantastik. Oldib Verlag, Essen, S. 117-130.
- Mittelerde als Ausdruck romantischer Kreativität und Sehnsucht. Zuerst erschienen in Hither Shore Band 7 (2010), S. 32-47.
- Die Grenzen in und von Mittelerde – Tolkien als romantischer Grenzgänger. Original.

Bücher zu Tolkiens Welt, die bisher im Oldib Verlag erschienen sind:

Bidlo, Oliver, Eilmann, Julian, Weinreich, Frank (2011) (Hrsg.) Zwischen den Spiegeln. Neue Perspektiven auf die Phantastik.

Schneidewind, Friedhelm (2011): Mein Mittelerde: Artikel und Essays zu Tolkien und seinem Werk

Bidlo, Oliver D. (2012): Mythos Mittelerde. Über Hobbits, Helden und Geschichte in Tolkiens Welt.

Bidlo, Oliver D. (2013): Sehnsucht nach Mittelerde?

Niehaus, Michael (2014): Macht/Phantasie. Eine Betrachtung zu J.R.R. Tolkiens *Der Herr der Ringe*.

Eilmann, Julian (2016): J.R.R. Tolkien. Romantiker und Lyriker.

Hither Shore Band 17 - 2020 (2022): Brücken und Grenzen.

Ab Band Nr. 17 erscheint der Hither Shore, das akademische Jahrbuch der Deutschen Tolkien Gesellschaft (DTG), im Oldib Verlag.

www.oldib-verlag.de, info@oldib-verlag.de,
Twitter: @OldibVerlag